いちばんわかる！
トクする！

社会保険の教科書

Text book of Social insurance for beginners

キャッスルロック・パートナーズ［著］

ダイヤモンド社

こんな方々に、この本をおすすめします。

- はじめて社会保険・年金事務の担当になった方
- 人事労務・総務の担当者
- 社会保険料の負担が大きいと感じている、小さな会社の経営者
- 社会保険の本を買ったけど、最後まで読めなかったことがある方
- 給与明細の天引きの多さにウンザリしている方

この本の特徴

❶ しくみがスッキリわかって、仕事がスムーズに進む
❷ 保険料でソンしない方法がわかる
❸ モレなく社会保険の恩恵を受けられるようになる

社員からみた社会保険料

～給与明細でわかる社会保険のしくみ～

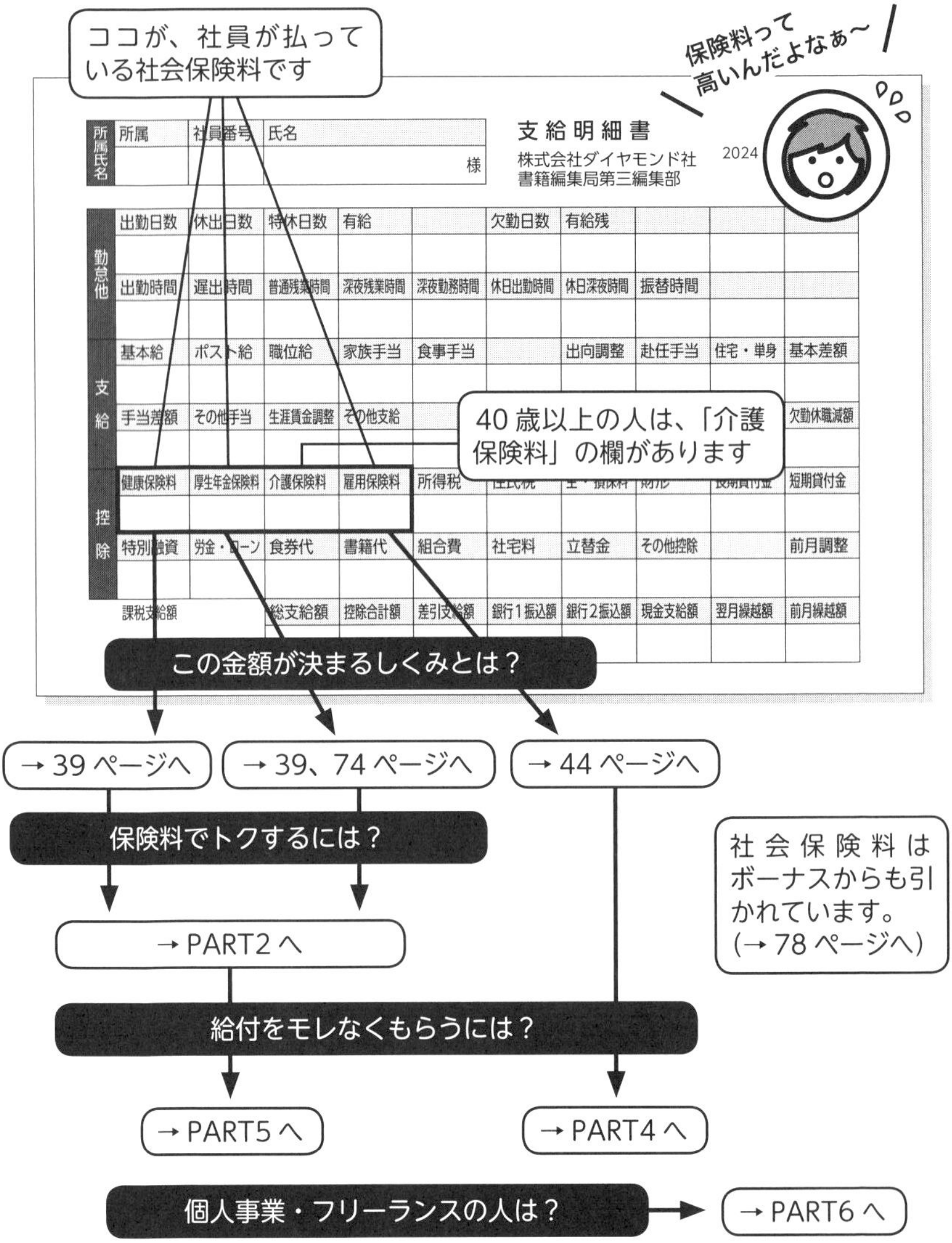

会社からみた社会保険料

～会社もこんなに払ってます～

この４つは社員本人と会社で折半

1. 健康保険料
2. 介護保険料
3. 厚生年金保険料
4. 雇用保険料

この４つは全額会社負担！

5. 労災保険料
6. 子ども・子育て拠出金
7. 雇用保険２事業の保険料
8. 一般拠出金

社員が増えれば増えるほど、社会保険料の負担も大きくなるんだよなぁ～

会社は、これほど多くの保険料を支払っています。
そこで本書では、次の２つをお伝えします。

保険料でソンしない方法は？
→ PART3 へ

給付をモレなくもらって、保険料の「モトをとる」方法は？
→ PART4 へ

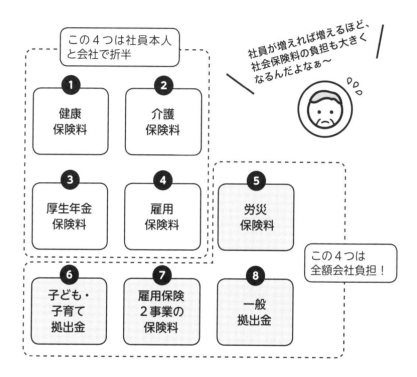

はじめに

この本は、おもに社会保険や年金事務を担当する総務の方と、小さな会社の経営者に向けて書かれています。

あなたが今、どんな立場にあるとしても、一度でも会社に勤めるサラリーマンの経験があれば、給与明細の中に「健康保険料」「厚生年金保険料」「雇用保険料」などの社会保険の欄があって、給料から保険料が天引きされていたはずです。

社会保険のしくみはとても複雑ですから、会社から詳しく説明を受けるケースは少ないでしょう。だから、**「いつの間にか社会保険に加入させられていた」**と感じたことはないでしょうか。また、社会保険料の額は決して安くありませんから、**「社会保険は理不尽な制度で、理解するのもむずかしい！」**と思われてしまっても、無理はありません。

でも、大丈夫です。本書は、そういう人でもストレスなく、イチから社会保険を理解できるように書かれています。

誰にとっても身近な、病院に行ったときに提示する「保険証」は、社会保険に加入している証《あかし》のようなもの。サラリーマンが病院で払う医療費は、基本的に3割です。残りの7

割は、この社会保険制度でまかなわれています。サラリーマンでない人も、必ず「国民健康保険」に加入しています。

こうした、国や地方公共団体など公の機関が、国民から保険料を集めて管理・運営し、困っている人に必要なお金を出して助け合うしくみを、「社会保険制度」と言うのです。

本書では、まず、**複雑な社会保険制度のしくみをスッキリ理解する方法**をお伝えします。そして、**払わなくてよい保険料を節約する方法**と、**もらうべき給付をしっかりもらって、保険料の「モトをとる」知識**をお伝えしていく、そういう本です。

■ストーリー形式で、ザッと社会保険の概要がつかめます

はじめて社会保険事務や労務管理の仕事をする人にとって、社会保険制度はあまりにも複雑です。国民のために整えられた制度なのに、学校でも、社会人になっても、体系的に学ぶ機会はありません。

しかも、仕事で必要になったり、ちょっと興味をもったりして参考書を手に取ってみても、用語や解説が難解なものが多く、初心者がイチから学ぶにはレベルが高いものばかりです。

そこで本書では、小さなデザイン会社で、初めて社会保険事務の担当になった佐藤さんが、「社会保険のプロ」である社会保険労務士の先生に素朴な疑問を投げかけるストーリー形式になっています。

「そもそも社会保険は何のためにあって、どんなしくみなのか?」「どんなときにどんな仕事が生じるのか?」「何でこんなに保険料が高いのか?」という、人にはなかなか聞けない基本的な疑問から、無理なく社会保険の全体像が理解できます。

■「払わなくてもよい保険料」がわかるから、トクする知識が身につきます

サラリーマンにとって、社会保険料はかなり負担が大きく感じるものです。たとえば額面の給料が30万円だとしても、「健康保険料」「厚生年金保険料」「雇用保険料」、そのほかにも「所得税」や「住民税」なども引かれますから、手取りは25万円程度になってしまうでしょう。

また、社会保険料の負担は、会社にとっても切実な問題です。「健康保険料」は、大ざっぱに言うと半額を会社(雇用主)、半額をサラリーマン自身が負担しています。さらに、健康保険だけでなく、厚生年金、雇用保険、労災保険など、会社側が支払わなければならない保険料は、決して少なくありません。

サラリーマンが「なんでこんなに天引きされるんだ！」と思うのと同じように、**雇用する側の経営者は、「なぜ、ここまで会社が負担しなくちゃいけないのか。もっと安くできないのか！」と思って当たり前**だと言えます。

社会保険は、言わば、困った人を国民全員で助け合う制度ですから、大幅に保険料を安くできる方法はありませんし、必ず払わなくてはいけないものです。

でも、誰もそのしくみを教えてくれないために、**正しい知識をもたないと、払わなくてよい保険料を払ってしまう可能性があります。**長期的にみれば、知らない間にかなりのソンをしてしまうことになるのです。コスト削減の観点からも、ムダな負担はできる限り避けたいものです。

そこで本書では、社会保険のしくみや、保険料が算定されるしくみを知ることで、支払わなくてもよいものがわかる工夫をしています。

■「どんなときに、どんな給付を受けられるのか」がわかります

そもそも、何のために保険料を支払っているのかと言えば、「もしも」のことがあったときに、助けてもらう「給付」を受けるためです。ケガをしたり、職を失ったり、子どもが生まれたり、実にさまざまな場面で給付を受けることができるのです。

しかし、社会保険は「申請主義」をとっています。「もしものこと」が起きたとき、自分から申請しないと給付が受けられない、という意味です。

つまり、**どんな保険があり、どんな手続きをするべきかをあらかじめ知っておかないと、せっかく高い保険料を支払っていても、その恩恵を受けることができない**のです。

たとえば保険会社の生命保険に加入していれば、「加入者が亡くなったとき」が給付を申請するタイミングだということは、誰にでもわかると思います。しかし、社会保険は知らないうちに加入していて、どんな保険が何種類あるのかを意識する機会がほとんどありません。だから、いつ、どんなときに給付が受けられるかが、わかりにくいのです。

そこで本書では、労災保険を中心とした絶対に覚えておかなくてはいけないものから、ベテランでも知らない助成金まで、保険料の「モト」をとるための知識を紹介します。

また、「年金」も社会保険の1つです。ニュースなどでご存じのように、少子化などの影響で「負担額は増え、受け取れる時期は高齢になり、しかも年金額は減少するかもしれない」という傾向にあります。一般常識としてもぜひ押さえておきたい年金の知識を、わかりやすく解説しています。

■顧問の社会保険労務士がいない、小さな会社の疑問にもお答えします！

たとえば、厚生年金は、ほとんどすべての会社やお店に加入する義務があります。

そう聞いて、「いや、うちは社長が1人、その奥さんが役員の会社で、国民年金だけど……？」という方もいるのではないでしょうか。実際に、「社員はパート1名、株式会社にはしているけど、実際は自営みたいなものだから、厚生年金には加入してない」という1人会社も少なくありません。そういう小さなお店も、社会保険料を負担しなければならないのでしょうか？　また、そういうお店が株式会社にしている場合と、個人商店の場合は、どう違うのでしょうか？

そんな、小さな会社ならではの疑問にも、お答えしていきます。

この本は、おおむね次のような構成になっています。

PART1では、社会保険の常識をさらっと押さえます。社会保険とひと言で言っても、年金、健康保険、雇用保険……などいろいろです。ここではそのアウトラインをざっくりつかんでいただきます。

PART2のテーマは、健康保険と厚生年金の保険料です。算定方法を知ることで、ムダな保険料を払わなくて済むことをお伝えしていきます。

PART3は、PART2を受けて、ムダな保険料を払わないためのさまざまな方法をレクチャーしていきます。

PART4のテーマは、労災保険と雇用保険に関する「給付金」や「助成金」です。これらの種類は多岐にわたりますが、利用頻度の高いものを中心に紹介していきます。

PART5では、健康保険と厚生年金に関する給付を詳しく説明します。

PART6では、国民健康保険、国民年金について、ざっと押さえます。フリーランスの人、個人事業の方のお話ですが、社会保険事務担当者として、会社を辞めた人に伝えておきたい知識が詰まっています。

■社会保険を扱う部署は、会社の「コントロールセンター」です

さて、詳しい説明や解説をする前に、ぜひ押さえておいてほしいことがあります。**社会保険の担当部署は、会社の「コントロールセンター」**だということです。

この本を手に取られた人は、総務部員でしょうか。それとも会社の経営者でしょうか。中小企業の場合、1つの部署で経理と総務を扱っていることも多いでしょう。

総務や経理は「間接部門」「バックオフィス」などと呼ばれますが、ここがしっかり機能している会社は、「ちゃんとしている」という「信用」を獲得することができます。それは対外的に、目に見えない会社の利益になります。

社内的にも、社会保険について詳しくない一般社員が困ったとき、正しく役立つ知識を教えてあげるのは、事務担当者の大切な仕事です。総務や経理がしっかりしているからこそ、フロントに立つ社員は安心して働くことができるのです。

読者の中には、新入社員や配置転換で新たに総務や経理の担当になった人もいるでしょう。ぜひ、「われわれが会社を仕切っているんだ」という誇りを持って仕事に携わってほしいと思います。

それでは、一緒に「社会保険」の完全理解をめざしましょう。

キャッスルロック・パートナーズ　社会保険労務士　　松島寛

※本書の内容は令和6年4月1日現在の法令に基づいています。

いちばんわかる！　トクする！　社会保険の教科書

もくじ

はじめに

PART 1

社会保険と保険料のきほん
～そもそも、どれだけ払わなくちゃいけないのか？～

① 社会保険はむずかしすぎる！　ごくごく簡単に説明してください！
▼社会保険は全部で5種類。ほぼすべての会社とお店に加入義務がある　22

② 保険と年金の種類を、もうちょっと詳しく教えてください！
▼健康保険と年金は、複数の種類がある　34

③ なんで保険料がこんなに高いの？　どうやって計算してるの？
▼社会保険料は、もらった給与や賞与の額で決まる　39

④ 保険料が安くなる方法ってないの？
▼ムダに高い保険料を払わない方法がある　47

5 たくさんの保険料を払って、どんなメリットがあるの？
▼意外に豊富な健康保険・厚生年金の保険給付 51

6 労災保険と雇用保険って、本当に入る必要あるんですか？
▼意外と手厚い保険給付 53

7 会社の社長は、労災保険に入れないの？
▼社長も役員も労災保険に「特別加入」できます 57

8 給付はどうやってもらうの？
▼社会保険は「申請主義」。時効もあるから注意 60

9 マイナンバーって、社会保険事務とどんな関係があるの？
▼手続きの簡素化などが進められています。 63

PART❶まとめ 67

PART 2

保険料計算のしくみ

～算定方法を知ればムダに高い保険料を払わなくていい！～

1 昇給するなら「7月、1等級以内」に
▼標準報酬月額には「定時決定」と「随時改定」がある 72

② ボーナスを減らして、月給に回すとトクをする？
▼知ってるといろいろ使える「保険料額表」のしくみ 78
③ ボーナスを年1回の支給にするとトクをする？
▼保険料の「上限」を活用する方法 83
④ 「退職金」は報酬にはならないの？
▼「報酬」になるもの、ならないもの 86
⑤ 4・5・6月はできるだけノー残業デーに
▼手当も現物支給も「報酬」になる 90
⑥ 保険料が安い組合ってあるの？
▼健康保険組合には「総合」「地域型」もある 93
PART❷まとめ 96

PART 3 社会保険料のムダをなくそう

～人の雇い方次第で、保険料は変わる～

① 「入社日は月初」「退職日は月末前日」に
▼資格取得日と喪失日にまつわるルール 100

COLUMN 社会保険の資格取得・喪失の届出 104
② なぜ正社員よりパート、アルバイトにしたほうがいいの？
▼短時間労働者の社会保険加入条件とは 105
③ 臨時に雇うなら「期間を決めて2か月以内」
▼健康保険・厚生年金の被保険者とされない人 107
④ 短時間働いてもらうなら「所定労働時間週20時間未満」
▼雇用保険の被保険者とされない人 109
⑤ 工場から本社を分けて別の事業所にする
▼労働保険の保険料の決まり方 112
⑥ 家族を役員にするときは非常勤で
▼役員の社会保険と労働保険 117
⑦「業務委託契約」でOKなら社会保険料ゼロ
▼アウトソーシングと社会保険料 119
PART❸まとめ 122

PART 4

労災保険・雇用保険の給付をモレなくもらおう

～助成金、給付金には、こんなものがある～

1 会社を休んでも安心、こんな場合にもらえる給付 126
▼労災保険のおもな給付一覧
COLUMN 労働保険料は毎年「精算」されている？ 129
2 仕事によるケガや病気でもらえる給付って？ 130
▼「業務災害」とはどういうものか
3 通勤途中のケガや病気でもらえる給付は？ 135
▼「通勤災害」とはどういうものか
4 会社を休んでも給付金がもらえる？ 141
▼「給付基礎日額」とは
5 仕事探しでもらえる給付って？ 145
▼交通費から失業保険まで、雇用保険のおもな給付一覧
6 「失業保険」っていくらもらえるの？ 148
▼「基本手当日額」とは

⑦ 育児休業・介護休業でも給付金がもらえます
▼「雇用継続給付」のいろいろ 156
⑧ 社員だけじゃない。会社ももらえる助成金
▼雇用関係のおもな助成金一覧 162
COLUMN 雇用関係助成金の最新情報を入手するには？ 165
⑨ 雇用を維持する事業主のための助成金
▼「雇用調整助成金」とは 166
⑩ 求人募集の工夫でさらに助成金がもらえます
▼「トライアル雇用助成金」とは？ 169
⑪ 仕事と家庭を両立すると、会社に助成金が出る？
「両立支援等助成金」とは？ 172
⑫ キャリアアップに取り組む会社に助成金
▼「キャリアアップ助成金」とは？ 174
PART❹まとめ 180

PART 5

健康保険・厚生年金と給付金

~もらえるお金はきちんともらって保険料のモトをとろう~

① 年をとったら、年金はどれだけもらえるの？
▼そもそも、年金の趣旨とは 184

② 年金の受給要件と計算方法ってどうなってるの？
▼ややこしい計算方法だが、年金事務所で教えてくれる 190

③ これだけもらえる年金のあれこれ
▼障害年金・遺族年金支給額の計算方法一覧 197

④ 医療費だけじゃない、意外にもらえる給付の数々
▼健康保険のおもな給付一覧 205

⑤ なぜ3割払うだけでいいの？
▼「療養の給付」のしくみ 208

⑥ 医療費がかさんだら「高額療養費」をもらおう
▼「現金給付」のいろいろ 210

⑦ 交通費から休業の補償まで、至れり尽くせりの給付金
▼続「現金給付」のいろいろ 213

PART⑤まとめ 215

PART 6

退職する社員に教えてあげよう！

~国民健康保険・国民年金の保険料でトクする方法~

① 社会保険料は、個人と会社、どっちが有利？
▼国民健康保険・国民年金のしくみ 218

② 引っ越し先の国保の保険料も、いちおうチェックしよう！
▼国民健康保険の保険料の決まり方 223

③ 国民健康保険料で軽減措置・減免措置を受ける方法
▼7割・5割・2割軽減、減免を受けられる場合 227

④ 国民年金保険料で免除・納付猶予制度を受ける方法
▼将来もらえる年金への影響は？ 230

⑤ 社会保険料控除は忘れず申告しよう！
▼社会保険料と税金の関係 234

PART 6 まとめ 237

登場人物紹介

田中社長

（株）田中デザイン事務所社長。64歳。田中デザインの従業員は、社長を含めて8名の零細企業。チラシやポスターなど、おもに「印刷」のからむデザインを幅広く手がけている。

佐藤さん

田中デザインの社員。28歳。デザイン業務のほか、経理も担当。会社の事情で、田中社長から社会保険事務担当を命じられたため、社会保険労務士の松島先生にアドバイスを求めて頻繁に訪れるようになる。

松島先生

社会保険労務士。50歳。「企業が安心して本業に打ち込める環境づくり」がモットー。ていねいな説明には定評がある。佐藤さんに社会保険のイロハを教えていく。いわばこの本の主役。

梅田先生

公認会計士、税理士。70歳。田中デザインは顧問先。松島先生や司法書士の先生と「キャッスルロック・パートナーズ」を設立。本書では、税務の立場から柔軟な考えを提案していく。

PART 1

社会保険と保険料のきほん

～そもそも、どれだけ払わなくちゃいけないのか？～

まずは、社会保険の「常識」をさらっと押さえていきましょう。社会保険が何のためにあって、どういうしくみになっているかを知るだけで、ぐっと理解が深まるはずです。とくに、26ページの図をしっかり覚えておきましょう。

① 社会保険はむずかしすぎる！ ごくごく簡単に説明してください！

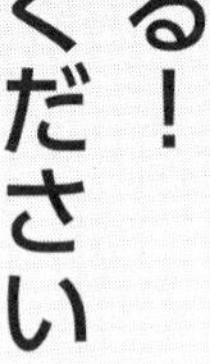

社会保険は全部で5種類。ほぼすべての会社とお店に加入義務がある

やあ、田中社長。お元気そうで。そろそろ田中デザイン事務所も決算ですね。

梅田先生、こんにちは。いつもお世話になります。

ありゃ。今日は佐藤さんもご一緒で。どうかしました？

梅田先生、こんにちは。ちょっと聞いてください！　僕が社会保険事務を担当しなくちゃいけなくなったんですよ！

え、そうなの？

……おいおい、唐突すぎるだろ。いえね、社会保険とか総務のややこしいところは、今まで私のカミサンが見てたんですよ。でも彼女がデザインに専念したいと言い出して、やむなく佐藤くんに頼むことにしたんです。それで少し先生に基本的なところをレクチャーしていただけないかなぁと。

なるほど。それなら、私と一緒に仕事している社会保険労務士の松島先生のほうが適任でしょう。今、お連れしますよ。

社会保険労務士の松島先生は、税理士の梅田先生と同じ事務所で、互いにフォローしあって仕事をしています。本書では、社会保険と税金が深く関わるところについては、梅田先生にも登場してもらいながら説明していきます。

佐藤さん、こんにちは。社会保険労務士の松島です。社会保険の担当とは、これはめんどうな仕事を引き受けましたね……と私が言っちゃいけないけど。

社長に押しつけられたんですよ！　仕方なく勉強を始めたんですけど、めちゃくちゃむずかしそうで、もう投げ出しちゃおうかな……。

おいおい佐藤くん！

まぁまぁ。基本的なしくみは意外と簡単ですから。きちんとお教えしますので安心してください。……ところで、さっきから大事そうにしているその資料は何？

僕の給与明細です。

あら。それで？　給料が上がったのかな？

だったらいいんですけど、違います。前から思ってたんですが、税金とか社会保険料って何でこんなに天引きされるんですか？　人の天引きを計算するのも気持ちのいいものじゃないけど、自分の天引きを計算するようになって、もう不愉快でしょうがなくて。

あはは。まぁ、気持ちはわかります。

何でこんなに天引きされるんですか？

何でって……。じゃ聞くけど、何が天引きされてるか知ってる？　と言うか、社会保険って何種類あると思ってますか？

えっ、何種類って……3種類ですよね？　給与明細に「健康保険・厚生年金・雇用保険」って書いてあるじゃないですか。

はい残念、ハズレー。社会保険は大きく分けて全部で5種類あります。

ひと口に「社会保険」と言いますが、本書の冒頭に掲載したように、保険料の天引きが給与明細に載っている社会保険は、少なくとも3種類あります。

第1に、給与明細に健康保険料とあるのが「公的医療保険」。通常、病気やケガでかかった医療費を3割負担で済ませてくれるという、おなじみの保険です。

第2は、給与明細に厚生年金（保険料）とある「公的年金」。高齢になったときに老齢年金がもらえる保険です。以上2つの保険は「公的」と付けることで、保険会社などが提供する民間の医療保険や、年金と区別しています。

第3の「雇用保険」は、会社員が失業したときに生活を安定させる手当や、再就職の支援が受けられる保険です。基本の手当は「失業保険」と呼ばれることもあります。

ほら、3種類でしょ。ほかに何があるんですか？

あと2つの社会保険が給与明細に載ってないのは、その保険料が、佐藤さんの給料からは天引きされていないからです。

「労働者災害補償保険」、通称「労災保険」と呼ばれる保険があります。これが第4の社会保険で、仕事によるケガや病気、通勤途中にケガをしたときなどの保険です。給与明細に出てこないのは、**保険料が全額、会社負担**だから。天引きされることはありません。

そして最後は「介護保険」。何かの事情で介護が必要になったときに、介護サービスが受けられる保険です。介護保険料は40歳から徴収されるので、20代の佐藤さんはまだ天引きされていないわけです。

この5つが、広い意味の「社会保険」です。ちなみに、健康保険・厚生年金保険・介護保険の3つをまとめて、狭い意味の「社会保険」と呼ぶことがあります。また、労災保険と雇用保険をまとめて「労働保険」と呼ぶこともあるので、覚えておきましょう。

☰ 社会保険の全体像は、こんな感じです

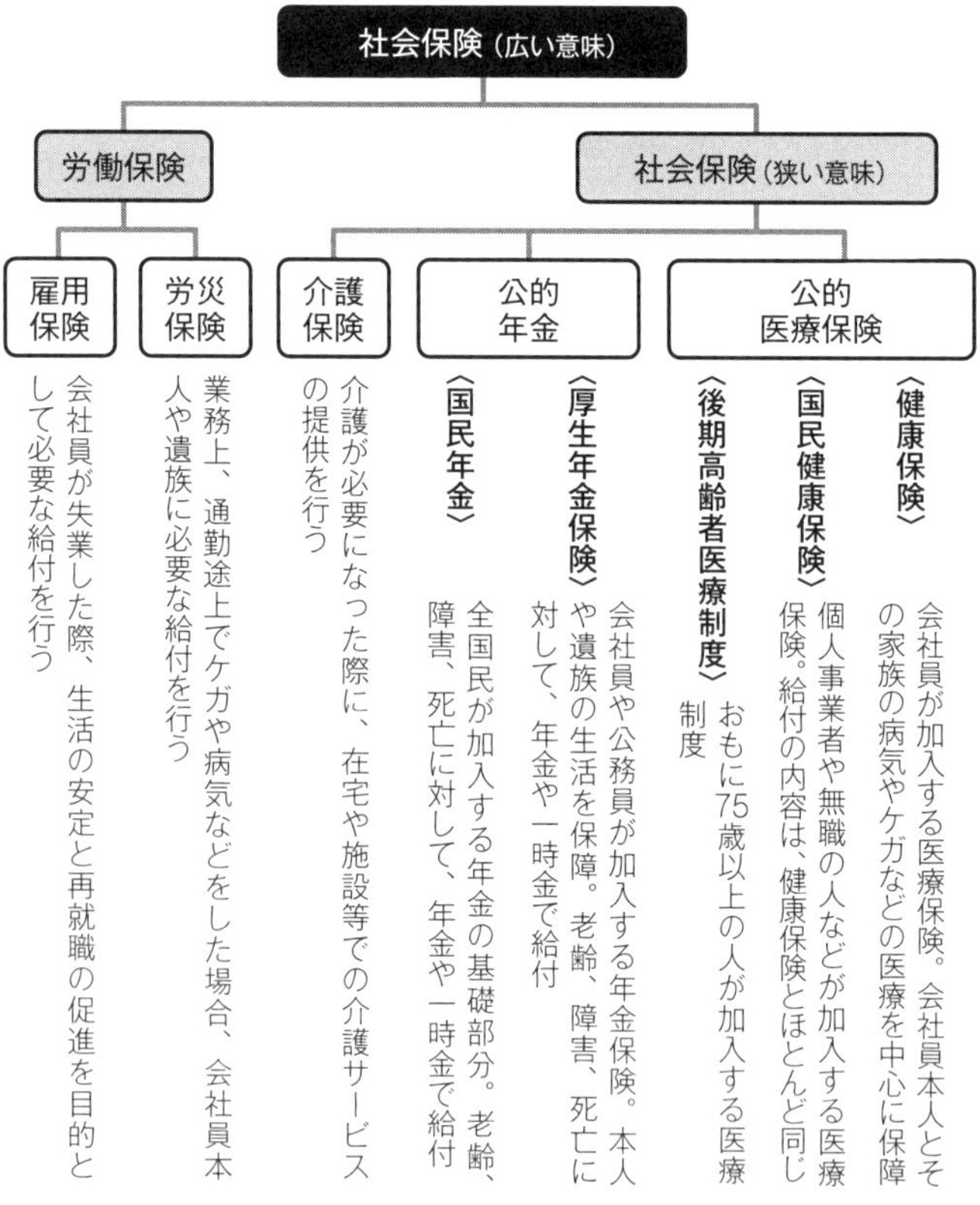

すべての法人は、社会保険（狭い意味）に入らなければいけません。労働保険も、１人会社の社長を除いて、すべての法人に加入する義務があります。

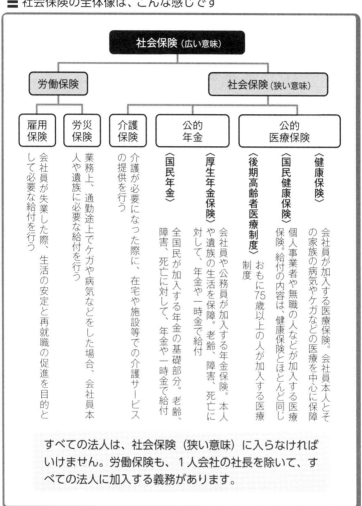

へえー、ローサイとか介護保険も社会保険に入るんだ。……いや、種類が多いからって、高い保険料を天引きしていいわけじゃないでしょ！

まぁまぁ。社会保険料が高いかどうかはあとにして、佐藤さんの給料から社会保険料が天引きされているのには、ちゃんと理由があります。

理由って？

それは、佐藤さんが勤めているのが会社で、人を雇っているからです。

は？

すべての会社には、社会保険に加入する義務がある

先ほど「狭い意味の社会保険」と書いた健康保険・厚生年金・介護保険は、原則として、本社・支店・工場などの「事業所」を単位に加入します。そして事業所には、必ず社会保険に加入しなければならない「強制適用事業所」というものがあります。

そして、「法人」の事業所はすべて、社会保険の強制適用事業所です。この場合、社長1人の会社も例外扱いはされません。**つまり、会社の事業所はすべて、健康保険・厚生年金・介護保険に加入しなければいけない**わけです。

ちょ、ちょっと待ってくださいセンセ！

あれ、田中社長。どうしました？

ウチはその昔、私とカミサンで会社を始めましたが、2、3年は社会保険に加入しませんでした。社長1人という会社もたくさん知ってますが、国民年金、国民健康保険というところがいっぱいありますよ。

いっぱいあるんじゃ困るなあ。私が言うのも変だけど、これまでそういうところは、行政もあまり細かく言わなかったんですよ。でも今はかなり厳しく加入に圧力をかけてきてます。悪質な場合は立ち入り調査もあるようですよ。

そうなんですか……。私はてっきり、超零細企業は加入しなくてもいいものだと思ってましたよ。

年金機構が、国税庁から給与所得の源泉徴収をしている会社のデータを取り寄せて、そこから厚生年金未加入の会社をリストアップしたという報道がありましたね。これから、未加入の会社にはどんどん圧力がかかるかもしれませんよ。

コワい……。

そもそも厚生年金と健康保険は、半分は会社負担でしょ。1人社長は負担しなくてもよくて、たとえば社員5名になると加入、というのは不公平だからね。

あれ、梅田先生まで、いつの間に。

いや、田中社長がワイワイ言ってるもんだから……。

佐藤くんの気持ちもわかるが、同じだけの金額を会社も負担しているんだぞ！

そういうこと。実際にここのところ、年金機構から「あなたの会社は厚生年金に入るべき会社です」という文書が送られてきているみたいだよ。

それって、督促状みたいですね。

加入は法律で決まってるものですからねぇ。でもそういう文書がいきなり届いたら、びっくりするでしょうね。

1人社長の会社の中には、年商500万円ぐらいのところもありますから。社会保険の負担は、かなり大きいですよ。

負担が大きいからといって免除はされないということだね。税金も同じだけど。負担がキツすぎるようなら、個人事業にしたほうがいいでしょう。

社員本人負担分の保険料は、会社が毎月の給与などから天引きして徴収し、会社負担分とあわせて納付することになっています。

社員が多いと、その分、会社の負担も大きくなります。佐藤さんのように天引きされる額が大きいと思う社員は多いと思いますが、会社も同じぐらい負担しているわけですね。

ただし、労働保険は、社長1人の会社ならば加入の義務はありません。

労災保険・雇用保険（労働保険）も、加入しなければならない「当然適用事業」があります。それは、労働者を1人以上使用している、法人と農林水産業以外の個人事業主です。**ただし、労働保険に関しては、社長1人の会社は適用外となります。**

今までの話をまとめると、田中デザインは、狭い意味の社会保険の「強制適用事業所」です。そして同時に、労働保険の「当然適用事業」です。

僕は、面倒な社会保険事務から絶対に逃れられないということか……。

個人事業の場合、トップは社会保険に加入できない

ここまでは会社の話でしたが、個人事業の場合は、ちょっと複雑です。佐藤さんが独立したときのために、ちょっとお話ししておきましょうか。

個人事業の場合は、従業員が5人以上になると、健康保険と厚生年金に加入する義務があります。**ただし、加入するのは従業員のみで、個人事業主本人は加入できないのです。つまり、たとえ100人の従業員がいても、法人にしていなければ、トップは健康保険と厚生年金に加入できないわけです。**

なお、従業員5人以上の個人事業所でも、サービス業の一部（クリーニング、飲食業、ビル清掃業等）や農業、漁業等は、加入義務はありません。

ちなみに、税理士事務所とか社労士事務所などの士業も加入義務はありませんでしたが、令和4年10月からは、従業員が5人以上いる士業の個人事業所は強制適用事業所になりました。

あれ、飲食業も含まれないんですか。割烹とか料理屋とか。

入りません。強制ではない、ということですが。でもなぜ飲食店の話を？

いや、私が毎日行ってる飲み屋はどうなるのかな、と……。

会社にしていなければ、事業主は入れませんし、従業員も加入の義務はないですね。

社長、毎日飲み歩いてるんですか！　社会保険料で少しぐらい節約しても何にもならないじゃないですか！

あ……いやそれは……必要な交際費ということだよ。

調子いいなあ。ともかく、ほかにも個人事業の業種は多いし、どんなものが適用除外業種にあたるのか、一覧できるものとかないんですか？

こんな感じですね（左ページ図）。

会計事務所に勤める友人から、公認会計士事務所の経営者は厚生年金に入れないという話を聞いたことがあるんですが、本当ですか？

それはね、個人事業主だからなんですよ。個人事業主は国民年金しか入れないんです。税理士法人などにして社長になれば別ですが……。

へえ～～、それは知らなかった！

だから、世の中の個人事業主と言われている人たちは、従業員を雇っていたとしても厚生年金に入れないんですよ。会社だったら1人でも雇えば加入義務がある。でも個人事業主だと何人雇っていても社会保険に加入することができない。

そうなんだ！

節税策にいつも興味津々の田中社長は、きっと社会保険料の節減策を期待してるんだろうけど、劇的な節減策はないよ。

センセ、そうあっさり言わなくても……。

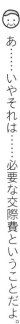

健康保険・厚生年金保険の適用除外業種

第一次産業
農林、水産、畜産業　など

接客娯楽業
旅館、料理店、飲食店、映画館、理容業　など

宗教業
神社、寺院、教会　など

梅田先生の言うとおり。ただし、正しい知識を得ることで、ムダに高い保険料を支払っていたり、本来はもらえるべき給付金をもらってなかったり、ということが多いんです。社会保険においては。ちゃんとした知識を得ることが、節減策につながると言えると思いますよ。

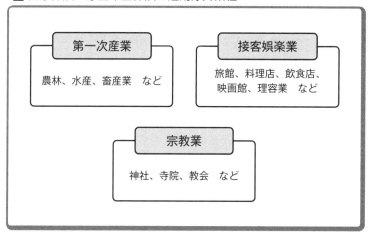

② 保険と年金の種類を、もうちょっと詳しく教えてください！

健康保険と年金は、複数の種類がある

加入する保険は、自動的に決まります

保険会社の医療保険や個人年金だと、掛金とか保障とか、自分で選べますよね。社会保険は、種類とかコースとか、自分で選べないんですか？

基本は選べませんね。年金は、細かく言えば厚生年金基金とかプラスアルファできる部分があるけど、その人の立場によって違ってきます。

労災保険と雇用保険はもともと1種類なので、選択肢はありません。一方、公的医療保険と公的年金は、1種類ではありませんが、基本的には、どれに加入するかは、自動的に決まっています。

たとえば公的医療保険は、その人の立場によって種類が変わります。公的医療保険には、会社員が加入するいわゆる**「健康保険」**のほか、自営業の人や働いていない人が加入する**「国民健康保険」**、おもに75歳以上の人が加入する**「後期高齢者医療制度」**があります（26ページ図参照）。

また、その健康保険の中でも、誰が保険の運営をしているかで3つに分かれます。**第1に中小企業の会社員が加入する「全国健康保険協会管掌健康保険」（通称「協会けんぽ」）。第2に大企業の会社員などが加入する「組合管掌健康保険」（通称「健康保険組合」）、第3に公務員が加入する「共済組合」**の3つです。

それぞれ、保険料と受けられる給付が違います。一般に、共済組合と健康保険組合のほうが、協会けんぽより保険料が安く、給付も厚い傾向があるようです。

佐藤さんの会社の公的医療保険は、協会けんぽですよね。

健康保険組合のほうが保険料が安いなら、移れないんですか？

健康保険組合は大企業が会社ごとに設立するものがほとんどですが、同じ業種や地域の企業が集まってつくる健康保険組合もありますよ。

出版社や書店などは「出版健保」というのがあるよね。建築業、自動車関連業なんかにもある。デザイン業界にもあるのかな？

調べてみます！　厚生年金のほうはどうなんでしょうか？

厚生年金は、大企業も中小企業もなく1本です。ただし、サラリーマン以外の人は、立場によって少し違ってきます。

サラリーマンの年金は2階建て

公的年金には「厚生年金」のほかに、日本国内に住む20歳以上60歳未満のすべての人が加入する「国民年金」があります（左ページ図参照）。なお、以前あった、公務員などの「共済年金」は平成27年10月から厚生年金に統一されました。

自営業の人などは、自分で国民年金の手続きをして、自分で保険料を納めなければいけないわけです。会社が半額を負担してくれて、さらに納付手続きも会社にお任せできる会社員と比べると、かなり負担は大きくなります。

それはわかるんですけど、「20歳以上60歳未満のすべての人」って、僕も当てはまるわけですよね？　国民年金に加入した覚えはないですよ？

厚生年金に加入している人は、自動的に国民年金にも加入しているんですよ。国民年金保険料は、厚生年金保険料に含まれているのです。そういう佐藤さんのような人のことを、国民年金の「第2号被保険者」と呼びます。

公的医療保険・年金の種類としくみ

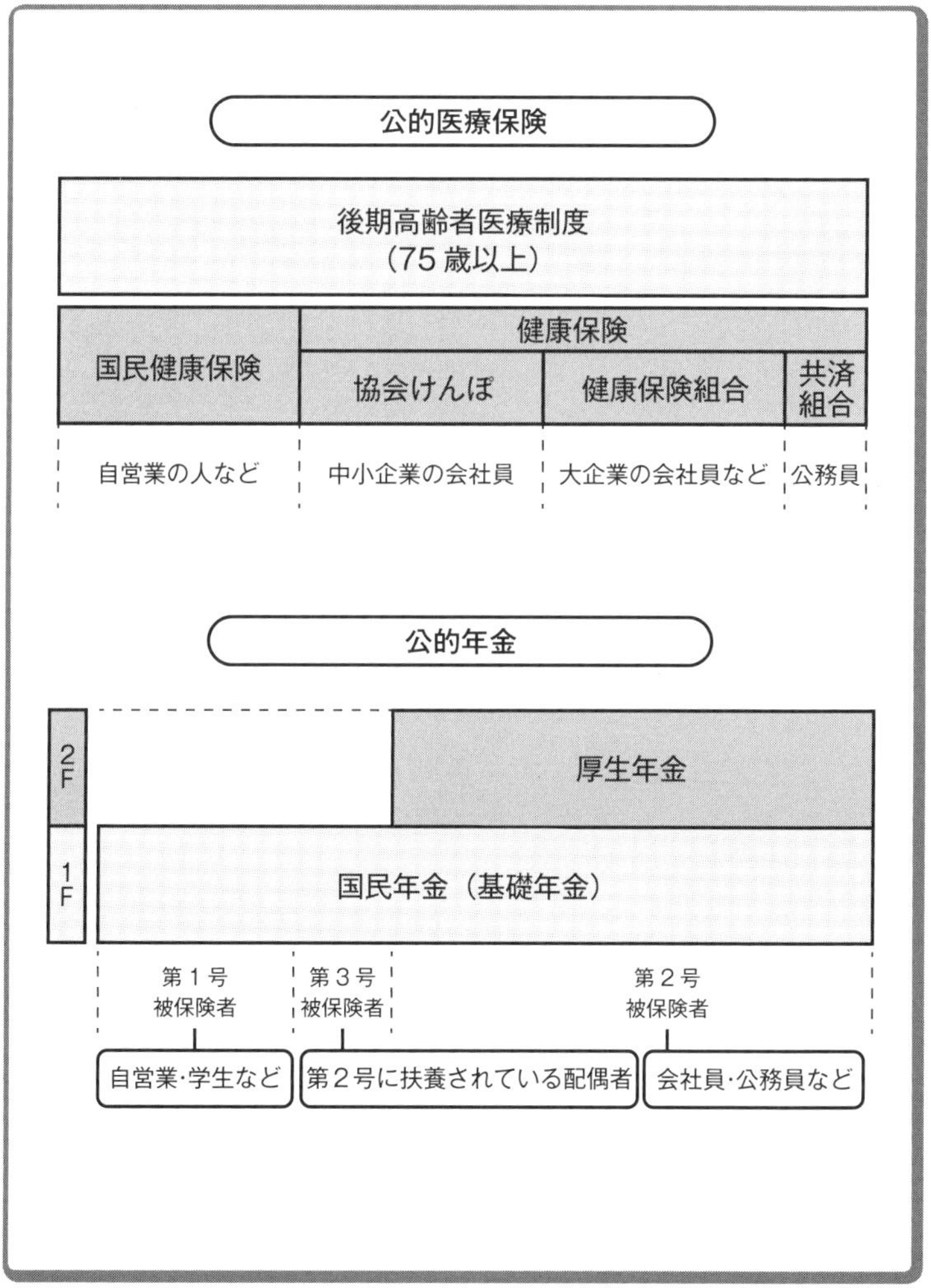

保険料を払って給付を受ける人を「被保険者」といいますが、**国民年金には、第1号から第3号まで3種類の被保険者がいます。**

自営業など国民年金だけの保険料を払っている人が「第1号被保険者」。佐藤さんのように、厚生年金に加入して自動的に国民年金に加入している人は「第2号被保険者」。第2号被保険者の扶養に入っている配偶者は「第3号被保険者」です（※1）。

国民年金は「基礎年金」ともいいます。厚生年金に入っている人は、年金をもらうときにその基礎年金とあわせて厚生年金も、もらえるわけです。

なるほど。

ちなみに、2階建ての家にたとえて、基礎年金を「1階部分」、厚生年金を「2階部分」なんて言ったりします。「3階部分」と言われる年金もありますよ。この3階部分は社会保険ではないですけど（※2）。

……。

あ、そうか。保険料が増える話は興味ないんだ……。

※1　第3号被保険者…厚生年金の第2号被保険者に扶養されている、20歳以上60歳未満の配偶者（年収130万円未満）を指す。保険料は本人が負担せず、配偶者が加入している年金が拠出金として納付する。

※2　3階部分…いわゆる私的年金と言われ、個人年金（個人型確定拠出年金、国民年金基金等）や企業年金（企業型確定拠出年金、確定給付年金、中退共、厚生年金基金等）がある。

3 なんで保険料がこんなに高いの？どうやって計算してるの？

社会保険料は、もらった給与や賞与の額で決まる

社会保険がどういうものかは、なんとなくわかってきました。でも、なんでこんなに保険料が高いのかについては、よくわかりません。というか、納得いきません！

佐藤さんが自分の社会保険料を高いと思ってるなら、それはいいことですよ。

え？　どういうことですか？　いいわけないじゃないですか！

佐藤さんが、会社から充分な給料をもらっているということになるからです。

保険料を算出するしくみ

社会保険の保険料は、大ざっぱにいうと、会社が社員に支払った給与や賞与の額で決まります。**健康保険・介護保険・厚生年金は、毎年4・5・6月の給与などの平均額を「健康保険・厚生年金保険の保険料額表」というものにあてはめて決定するのが基本**です。

具体的には、左の表をご覧ください。「報酬月額」欄にあてはまる金額を見つけて、その左の欄にある等級と「標準報酬月額」がわかれば、保険料の額が自動的に決まるしくみになっています。つまり、**標準報酬月額×保険料率で、保険料の額が決まる**わけです。

なお、保険料率は健康保険組合によって異なります。協会けんぽでは、都道府県によって保険料率が変わるので、自治体や各健康保険組合の情報をチェックしてください。

なるほど。この表を見ると、給料が多ければ多いほど、保険料額も大きくなるということになりますね。

そういうこと。「なんでこんなに！」と思うということは、それなりの金額をもらっているからなんです。あと、表を見ればわかる通り、佐藤さんのような人の仕事がラクになるように、ある程度の金額をまとめて、計算は単純化されているんですよ。

たしかに、一人ひとりの給料額をそのまま計算してたら、めちゃくちゃ面倒になりそうですね……。ちなみに、「毎年4・5・6月の給与などの平均額」って言いますけど、入社したての新入社員はどうなるんですか？

あ、それはね、初任給を標準報酬月額表に当てはめて決定するんですよ。

なるほど。

「健康保険・厚生年金保険の保険料額表」と保険料の決まり方

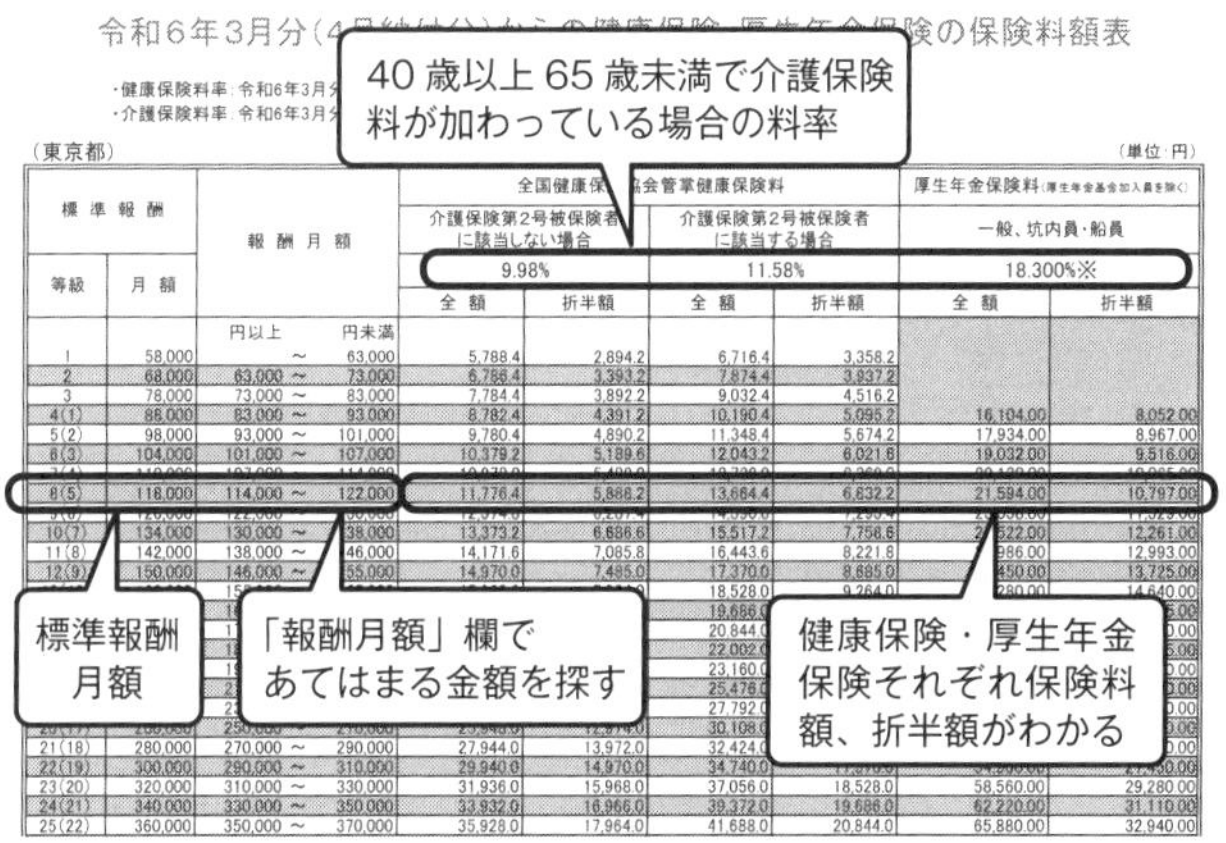
令和6年3月分（4[illegible]保険の保険料額表

・健康保険料率：令和6年3月分[illegible]
・介護保険料率：令和6年3月分[illegible]

（東京都）　　（単位：円）

標準報酬 等級	標準報酬 月額	報酬月額 円以上	報酬月額 円未満	全国健康保険協会管掌健康保険料 介護保険第2号被保険者に該当しない場合 9.98% 全額	折半額	介護保険第2号被保険者に該当する場合 11.58% 全額	折半額	厚生年金保険料（厚生年金基金加入員を除く） 一般、坑内員・船員 18.300%※ 全額	折半額
1	58,000	～	63,000	5,788.4	2,894.2	6,716.4	3,358.2		
2	68,000	63,000 ～	73,000	6,786.4	3,393.2	7,874.4	3,937.2		
3	78,000	73,000 ～	83,000	7,784.4	3,892.2	9,032.4	4,516.2		
4(1)	88,000	83,000 ～	93,000	8,782.4	4,391.2	10,190.4	5,095.2	16,104.00	8,052.00
5(2)	98,000	93,000 ～	101,000	9,780.4	4,890.2	11,348.4	5,674.2	17,934.00	8,967.00
6(3)	104,000	101,000 ～	107,000	10,379.2	5,189.6	12,043.2	6,021.6	19,032.00	9,516.00
[illegible]	[illegible]	[illegible]	[illegible]	[illegible]	[illegible]	[illegible]	[illegible]	[illegible]	[illegible]
8(5)	118,000	114,000 ～	122,000	11,776.4	5,888.2	13,664.4	6,832.2	21,594.00	10,797.00
[illegible]	[illegible]	[illegible]	[illegible]	[illegible]	[illegible]	[illegible]	[illegible]	[illegible]	[illegible]
10(7)	134,000	130,000 ～	[illegible]	13,373.2	6,686.6	15,517.2	7,758.6	[illegible]	12,261.00
11(8)	142,000	138,000 ～	[illegible]	14,171.6	7,085.8	16,443.6	8,221.8	[illegible]	12,993.00
12(9)	150,000	146,000 ～	[illegible]	14,970.0	7,485.0	17,370.0	8,685.0	[illegible]	13,725.00
[illegible]	[illegible]	[illegible]	[illegible]	[illegible]	[illegible]	18,528.0	9,264.0	[illegible]	14,640.00
[illegible]	[illegible]	[illegible]	[illegible]	[illegible]	[illegible]	19,686.0	[illegible]	[illegible]	[illegible]
[illegible]	[illegible]	[illegible]	[illegible]	[illegible]	[illegible]	20,844.0	[illegible]	[illegible]	[illegible]
[illegible]	[illegible]	[illegible]	[illegible]	[illegible]	[illegible]	22,002.0	[illegible]	[illegible]	[illegible]
[illegible]	[illegible]	[illegible]	[illegible]	[illegible]	[illegible]	23,160.0	[illegible]	[illegible]	[illegible]
[illegible]	[illegible]	[illegible]	[illegible]	[illegible]	[illegible]	25,476.0	[illegible]	[illegible]	[illegible]
[illegible]	[illegible]	[illegible]	[illegible]	[illegible]	[illegible]	27,792.0	[illegible]	[illegible]	[illegible]
[illegible]	[illegible]	[illegible]	[illegible]	[illegible]	[illegible]	30,108.0	[illegible]	[illegible]	[illegible]
21(18)	280,000	270,000 ～	290,000	27,944.0	13,972.0	32,424.0	[illegible]	[illegible]	[illegible]
22(19)	300,000	290,000 ～	310,000	29,940.0	14,970.0	34,740.0	[illegible]	[illegible]	[illegible]
23(20)	320,000	310,000 ～	330,000	31,936.0	15,968.0	37,056.0	18,528.0	58,560.00	29,280.00
24(21)	340,000	330,000 ～	350,000	33,932.0	16,966.0	39,372.0	19,686.0	62,220.00	31,110.00
25(22)	360,000	350,000 ～	370,000	35,928.0	17,964.0	41,688.0	20,844.0	65,880.00	32,940.00

【給料から天引きされる保険料】

折半された額

【給料を支給する会社が負担する保険料】

折半された額

【賞与から天引きされる保険料】

標準賞与額 × 保険料率 ×1/2

【賞与を支給する会社が負担する保険料】

標準賞与額 × 保険料率 ×1/2

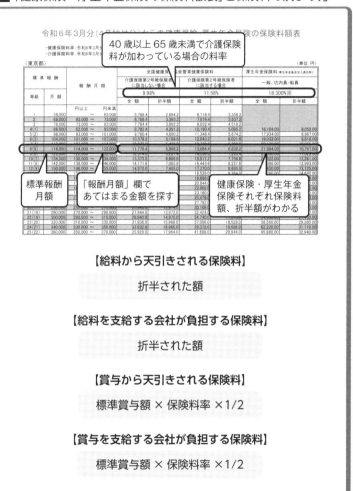

社会保険料は、賞与からも引かれます

あの、ちょっと思いついたんですけど、給与から保険料が引かれるってことは、ボーナスからは引かれないってことはありませんか？　ボーナスは会社によってまったく金額が違うし、「標準ボーナス額」なんて作りにくいですよね。

いや、それがね、まさに「標準賞与額」ってものがあるんですよ。

えええ！

しかも、平成15年度からは、賞与にも月給と同じ料率で健康保険・介護保険と厚生年金の保険料がかかるようになりました。

賞与の社会保険料は、実際に支給した賞与の額から１０００円未満を切り捨てた額を「標準賞与額」として計算します。

標準報酬月額による計算とは違い、直接、標準賞与額に健康保険料率・介護保険料率・厚生年金保険料率を掛けたものが、賞与にかかる社会保険料です。

以前の標準報酬月額中心の計算と違って、賞与を含む「総（すべ）て」の報酬に社会保険料率を掛けるので、これを「総報酬制」といいます。**「すべての報酬」ということは、月給とボーナス以外にも、手当とか、現物で支給される食事・社宅など、労働の対価とし**

て受け取るものがすべて「報酬」になります。健康保険・介護保険・厚生年金の保険料は、これらを合わせた報酬の額から決まるのです。

会社のほうが負担は大きいのです

ともかく！　41ページの表が保険料を高くしている元凶ですね！

そんな目の敵みたいなこと……。あのね、会社員は恵まれているんですよ。料額表に「折半額」ってあるでしょ。会社が社会保険料の半分を負担してくれてるわけですから。

健康保険・介護保険と厚生年金の保険料は、被保険者（本人）と、事業主（会社）が、原則として半額ずつ負担することになっています。保険料額表にはその「折半額」が書いてあるので、本人負担分と会社負担分がすぐにわかります（健康保険組合によっては、規約により事業主の負担割合を多くしているところもあります）。

自営業の国民健康保険や介護保険、国民年金の保険料は、全額が本人の負担です。どこからも補助などはありません。それを考えたら、佐藤さんは恵まれてるんですよ。

そうか、こんなに高い保険料でも半額なんだ。もし全額、天引きされていたら……考えるだけでも恐ろしい！

保険料の納付については、年金事務所に標準報酬月額と賞与の支払額などを届け出ると、毎月下旬に前月分の納入告知書が届きます。告知書には、会社の負担分と本人の負担分、それに「子ども・子育て拠出金」の合計額が記載されています。

この**子ども・子育て拠出金は、児童手当の費用の一部を事業主が負担するもので、拠出金率は1000分の3.6、全額会社の負担**となっています（令和6年度）。

これを含めた合計額を、口座振替か納付書で納めるわけです。

ちなみに、雇用保険の保険料はどうやって決まるんですか？

労災保険と雇用保険では、計算のもとになる金額を「賃金」と呼びます。給与・賞与・手当など名前に関係なく、労働の対価として受け取ったすべてのものが計算のもとになる点など、社会保険料の「報酬」とほぼ同じです。

やっぱり、どうあがいても自分で保険料を安くすることはできないんだ……。

自分が天引きされている保険料ばかり気にしているけど、会社は労災保険料も負担しているんですよ。

そうだよ。キミは自分のことばっかり考えて。社長も大変なんだ！　年金や健康保険でも折半だし、労災は全額負担なんだぞ！

田中社長の言うように労災保険は全額会社の負担です。佐藤さんの気持ちもわからないではありませんが、実際には会社の負担額のほうが多いのです。

労災保険は、会社が雇用している全従業員の「賃金総額」に労災保険率を掛けて計算し、会社が一括して負担します。**ただし、労災保険率は業種によって変わります。したがって、業種ごとの料率を掛ける**点に注意が必要です。

一方、雇用保険には、本人負担分もありますが、健康保険などとは違い、会社との折半ではありません。それぞれの負担率を掛けて計算することになります。

この雇用保険料率も、一般の事業と建設の事業など事業の種類で変わるので、負担率に注意することが必要です。つまり、標準報酬月額を決めるのではなく、給料や賞与が支払われるつど、賃金に事業の種類別の「被保険者負担率」を掛けて本人負担分を計算するわけです。そして、同じく「事業主負担率」を掛けて計算した会社負担分を加えたものが、会社が納める雇用保険料になります。

要するに、ここでも、「自分はどの業種なのか」を知ることがポイントになります。

労災保険率表と雇用保険料率表

事業の種類ごとに、
細かく定められています

労災保険率表（抜粋）

（単位：1/1000）　（令和６年４月１日施行）

事業の種類		労災保険料率
建設事業	建築事業（既設建築物設備工事業を除く）	9.5
	機械装置の組立て又は据付けの事業	6
製造業	化学工業	4.5
	船舶製造又は修理業	23
運輸業	交通運輸事業	4
その他の事業	その他の各種事業	3

（厚生労働省資料より作成）

会社が負担する労災保険料＝賃金総額×労災保険率

雇用保険料率表

（令和６年度）

事業の種類＼負担者	労働者負担	事業主負担	雇用保険料率
一般の事業	6/1,000	9.5/1,000	15.5/1,000
農林水産・清酒製造の事業	7/1,000	10.5/1,000	17.5/1,000
建設の事業	7/1,000	11.5/1,000	18.5/1,000

（厚生労働省資料より作成）

給料・賞与から天引きされる雇用保険料＝賃金×労働者負担
会社が負担する保険料＝賃金×事業主負担

4 保険料が安くなる方法ってないの？

ムダに高い保険料を払わない方法がある

今までの話をまとめると、要するに社会保険料は「標準報酬月額」と「標準賞与額」で決まる。だから、それを低くすれば、保険料も安くなるわけです。

なるほど！　標準報酬月額と標準賞与額を低くする……って、センセ、それじゃ社会保険料が安くなっても、手取りが減っちゃうじゃないですか！　手取りを減らさずに保険料を安くする方法が知りたいんですよ！

そんなムシのいい方法があるわけないでしょ！　まったく……。でもね、ムダに高い保険料を払わない方法や、払わなくていい保険料を払わずに済む方法ならありますよ。

ウラ技はない。でも、しくみを知れば「工夫」ができます

たとえば、標準報酬月額には諸手当等も含めて計算します。4・5・6月に他の月より残

業手当が多いと、年間を通じた実際の平均報酬より、高い標準報酬月額が算出されてしまうことになります。これでは、ムダに高い保険料を払うようなものです。

つまり、**4・5・6月の報酬の平均が、少なくとも他の月の平均より高くならないようにすることで、保険料を低く抑えることができる**わけです。

また、たとえば4月に昇給すると、昇給後の高い標準報酬月額で社会保険料が計算されることになります。しかし、**昇給を7月にすれば、昇給したあとも標準報酬月額は昇給前のままです**。その後の1年間は、払わなくていい保険料を払わずに済むわけです。

このように、社会保険料を安くする裏ワザ的な方法はなくても、しくみを知っておけばトクする方法が、いろいろあるのです。PART2からは、その方法について、詳しく見ていきます。

とはいえ、7月の昇給にしても、4・5・6月の勤務態勢にしても、佐藤さんだけで決められないのがつらいとこだよね。田中社長が納得しないことには。

いやいや、社会保険料が安くなるのなら、経営者としても嬉しいですからね。

社長、目尻が下がってますよ。

そのほかにも、人の雇い方とか報酬の支払い方とか、社長にしか決められないことで、

会社が社会保険料をトクすることがありますよ。

たとえばパートやアルバイトで働いてもらうとき、労働時間・労働日数を正社員の4分の3未満に抑えれば、健康保険・介護保険・厚生年金の被保険者になりません。会社も本人も、社会保険料を負担せずに済むわけです。

ただし、事業所の規模によっては、次の表の要件を全て満たす場合にも被保険者になります。

このように、人の雇い方などでトクをする方法も、いろいろあるのです。

ただ、1つ忘れてならないのは、厚生年金保険料に限っては、たくさん納めるほど将来もらう年金も多くなるということ。それを考えると、高い高いと言っていても、将来の年金が多くなるわけですから……。

先にトクするか、あとでラクするかってことか……。

また、前述のとおり**賞与には社会保険料がかかりますが、退職金にはかかりません。**だ

施行日 要件	～令和４年 ９月	令和４年 10月～	令和６年 10月～
事業所の規模 （従業員数※）	常時 501 人 以上	常時 101 人 以上	常時 51 人 以上
継続勤務の見込み	１年以上	２か月超え	
週の所定労働時間	20 時間以上		
賃金月額	88,000 円以上		
適用除外	学生		

※厚生年金保険の被保険者数を指し、月ごとにカウントして直近 12 ヶ月のうち６ヶ月以上基準を上回ることが見込まれる場合を指します。

から、従業員に納得してもらって、賞与の一部を退職金の積立てに回せば、会社も従業員もトクをします。

なるほど。でも確かにトクかもしれないけど、退職金ってことは貰えるのはかなり先の話ですよね。う～ん。あ、いいこと思いついた！　その賞与の一部を給与に上乗せする前払い退職金として貰えば、もしかしていいとこどりなんじゃ？

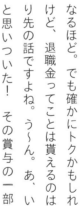

さすが佐藤さん、名案ですね！　とはならないです、残念ながら。前払い退職金だと報酬とみなされるので、社会保険料がかかります。退職金制度は、社会保険料などの側面だけでなく、社員の老後の大事な資産形成の一つでもあるので多角的に検討する必要がありますね。

5 たくさんの保険料を払って、どんなメリットがあるの？

意外に豊富な健康保険・厚生年金の保険給付

ところで佐藤さん、さっきから気になっていたんだけど、とられるお金ばかり気にして、社会保険でもらえるお金のことを忘れてませんか？

もらえるお金って言っても……病院に行ったときと、将来の年金くらいですよね？

いやいや、違います。たしかに健康保険は医療費を7割負担してくれますけど、ほかにも給付はたくさんあります。

意外に知られていないことですが、健康保険や厚生年金には医療や老齢年金以外にもさまざまな保険給付があります。

たとえば健康保険では、基本的に自己負担分（3割）の支払いだけで医療を受けられる**「療養の給付」**以外にも、入院したときの**「入院時食事療養費」「入院時生活療養費」**などの支給を受けることが可能です。

治療を受けるとき以外の給付もあります。代表的なのは、療養のために会社を休んだときに給付される**「傷病手当金」**でしょう。そのほか、**出産したとき、死亡したとき**などにも、健康保険から給付があります。

年金も、年をとってからもらう老齢年金だけって思ってるでしょ。

違うんですか？　今のところ65歳になったらもらえることになってますが、僕がもらうころには70歳以降になるかもしれないっていう話ですよね。

それはそのとおりですが、厚生年金には「障害年金」と「遺族年金」があります。

厚生年金というと、一定の受給資格を満たした場合に65歳から受給できる**「老齢厚生年金」**のことをいうのが一般的です。しかし、厚生年金には年齢に関係なく、一定の障害を負ったときに給付される**「障害厚生年金」**もあります。
より軽度の障害が残った場合の給付は、**「障害手当金」**です。さらに、年金を受給せずに亡くなった場合には、残された家族が**「遺族厚生年金」**をもらえることもあります。

このように、健康保険と厚生年金には、意外に知られていない給付がいろいろあります。あらかじめ知っておいて、イザというときにモレなくもらえるようにしておきましょう。

6 労災保険と雇用保険って、本当に入る必要あるんですか？

意外と手厚い保険給付

ちょっと、今度は私から質問させてもらえますか。労災保険と雇用保険のことなんですがね。私は加入できなくて、支払う保険料は従業員分だけ。ムダとは言わないけど、なんか釈然としないんですけどねぇ。

まあ、これまで田中デザインさんでは労災保険を使うようなケースはなかったし、雇用保険の給付を受けた人もいないですからね。保険料だけとられているような気分になるのもわかります。でも、繰り返しになりますが、田中社長の会社は労働保険の当然適用事業ですからね。

それはそうなんですけどねぇ……。

それより、まずは労災保険と雇用保険の保険給付について、佐藤さんにも説明しておいたほうがいいですよ。社会保険事務をする以上、避けては通れないですから。

最近ではメンタルな障害で労災認定されることも増えましたからね。

そう。過労によるうつ病とかね。工事現場でケガするのだけが労災じゃない。

労災認定されなくても、社員がうつ病などになると、生産性は大きく落ちますからねぇ。ウチではまだそういうことはないけど、知り合いの会社ではけっこうありますよ。

それも大きな課題ですね。では、ここからは労働保険（労災保険・雇用保険）に絞ってお話ししていきましょう。

労働保険には、困ったときに役立つ給付がたくさんあります

労災保険と雇用保険にも、意外に知られていないさまざまな保険給付があります。

まず、労災保険というと、**仕事によるケガや病気、通勤途中のケガなどのときに、自己負担なしで医療が受けられる「療養（補償）給付」**があります。

でも、それだけではありません。

たとえば、仕事中のケガなどで働けず給料がもらえないときは「休業（補償）給付」がありますし。また、そのケガで障害が残ったときは「障害（補償）年金」「障害（補償）一時金」「傷病（補償）年金」など。死亡したときは「遺族（補償）年金」「遺族（補償）一時金」「葬祭料（葬祭給付）」などの給付があります。

ちなみに、「補償」と付くのは仕事中のケガや、仕事が原因の病気など「業務災害」に

対する給付で、付かないのは通勤途中のケガなど「通勤災害」に対する給付です。

雇用保険のほうも、「失業保険」以外の給付がいろいろありますよ。

でも雇用保険って会社を辞めてからもらえるものですよね？　社員にはあまり関係ないんじゃ……？

そんなことはないですよ。在職中でも「育児休業給付」や「介護休業給付」などがあります。

雇用保険はいわゆる失業保険、「基本手当」の給付だけと思っている人が多いようです。**基本手当は、失業したときに原則、賃金日額の50～80%を、90日～３６０日の間もらえます。**一方、在職中にもらえる雇用保険の給付としては、育児休業や介護休業をしたときに受けられる**「育児休業給付」「介護休業給付」**などが代表的なものです。

雇用保険には、会社に対する給付もあります

それだけじゃないんです。雇用保険には、雇用の安定などを目的にした事業主への助成金もあるのです。

えっ、社員じゃなくて社長に？

いや、この場合の事業主ってのは、社長じゃなくて会社のことですね。

雇用保険には、**雇用の安定、職場環境の改善、仕事と家庭の両立支援、従業員の能力向上などを支援するため、事業主に対する助成金の制度があります。**その内容は、「地域雇用開発助成金」から「受動喫煙防止対策助成金」まで、至れり尽くせりです。

このように、労働保険の個人に対する給付、会社に対する助成金は、他の社会保険と比べてもたいへん充実しているのです。

それは実にウマい……いや、ありがたい話ですね。

雇用保険の助成金を受けるには、各助成金の個別の要件を満たす必要があります。かなり細かい話になるので、詳しくは社会保険労務士に相談してみてください。

え？　松島先生、急に宣伝ですか？

それが社会保険労務士の仕事の1つでもありますからね。今まで田中社長の会社には雇用関係助成金を申請するような条件がなかったんですけど、そういうことなら今度、きちんと見てみましょう。びっくりするほどたくさんの助成金がありますよ。私もほとんど扱ったことがないものもある。

先生もご存じないものがあるなら、私らが知らなくて当然ですな。

7 会社の社長は、労災保険に入れないの？

社長も役員も労災保険に「特別加入」できます

社長が労災保険と雇用保険の保険料を払いたくないとか言ってるのって、自分と奥さんが適用外だからだって言ってましたよね。

あ、そうだったんですね。たしかに原則として、労災保険は社長や役員には適用されないし、役員は雇用保険の被保険者になれません。

そう。オレが保険料出してるのに、オレが保険に入れないのはどういうわけなんですか！　そもそも制度がおかしいじゃないか。

えっ、社長は労災保険に加入したかったんですか？　私に言ってくれれば、すぐに手続きしたのに。労災保険の「特別加入」という制度があるんですよ。

労災保険は、健康保険・厚生年金・雇用保険と違い、一人ひとりの加入手続きは行いません。事業所（事業）が加入すれば、そこで働く労働者すべてが自動的に保険の対象になるしくみです。ですから、**アルバイトやパートの人が仕事中にケガをした場合などでも、労災保険の給付を受けることができる**のです。

役員に対しては、基本的に労災保険は適用されません。ただし、労働者と同じように働いているなど、労働者同様に保険の対象としたほうがよい場合は、特別に任意加入も認められます。これを**労災保険の「特別加入」制度**と言います。特別加入する場合は、他の役員も含めた役員全員が加入することが必要です。

また、労働保険の事務処理を「労働保険事務組合」に委託しているなどの要件がありますが、事務組合を併設している社会保険労務士を通じて手続きを行うこともできます。

そうだったのか！　知らなかった……。

なお、**雇用保険のほうは、取締役・監査役などの役員は、原則として被保険者になれません。**しかし例外として、**取締役○○部長などの使用人兼務役員（雇用保険では「兼務役員」と言います）は、被保険者になることができます。**役員報酬より、労働者としての賃金が多いことなどが条件です。

とくに中小企業では、役員だからと言って取締役の椅子にふんぞり返っているだけじゃ、話にならないからね。

知り合いのデザイン事務所に、40歳で「取締役制作部長」になった人がいるんですが、仕事の内容は、それまでとほとんど変わらないそうです。

あー、多いですねそういうケース。人手は足りない、しかし優秀な人間は辞めさせたくない、となると、役員にしてしまう。まあ悪いことではないですけど。

じゃあ僕も取締役総務部長にしてもらって、給料大幅アップ、使用人兼務役員ですね、社長！

社会保険の基礎も知らないのに、よく言うねキミは……。

8 給付はどうやってもらうの？

社会保険は「申請主義」。時効もあるから注意

社会保険にはこんなにいろいろな給付があるんです。もらえる給付をもらわないのは、ハッキリ言ってソンですよね。

たしかに、想像以上に手厚くて驚きました。……でも、こんなたくさんある給付、覚えられっこない！　一覧にしてわかりやすく教えてくれないところが、いかにもお役所仕事って感じがするなぁ。

そう思うのもムリはないけど、個別の事情が絡むからねぇ。

でも、先生は、もちろんモレなくもらえる方法を知ってるんですよね？　早く教えてくださいよー。

いや、残念ながら、その方法はありません。何もしないで自動的にもらえる給付はほとんどありません。

ええええ！　なんと不親切な！

社会保険の給付は「申請主義」が原則です。もっとも基本的な健康保険の「療養の給付」にしても、窓口で保険証を提示しない限り受けられませんし、もっとも基本的な年金である老齢年金も、手続きをしないで自動的に支給が始まることはありません。

したがって、この本で紹介するいろいろな給付も、知らないで放っておくと受けられなくなります。社会保険の給付について知っておく必要があるのは、そのためなのです。

だから、社会保険事務の担当者は、自分だけでなく、社員のみなさんがいろいろな給付をモレなく受けられるように、教えてあげなければいけないのです。佐藤さんが教えてあげるんですよ！

こりゃ責任重大だ！

でも、ちゃんと知らないともらえないよ、というのは、逆に言えばちゃんと知ってるとガッチリもらえる、ということでもあるんじゃないのか？

まさにそのとおり。ちなみに、給付の請求には時効があります。健康保険では2年、厚生年金では5年など、けっこう時効が長いものが多いので、あとで気がついた場合は、あきらめずに私に相談してくださいね。

知らなかったから損しちゃったというケースって、たくさんあるんですか？　給付金とか。「これ言っとけばよかったー！」みたいな。

ありますね。傷病手当金なんか、もらい忘れることが多いでしょう。そのほか健康保険関係、病気関係にもらい忘れが多いです。いくら時効が長いと言っても、いったん忘れちゃうと、2年なんてすぐですからね。

傷病手当金といっても、本人は入院してたりするしなぁ。

傷病手当金は、申請するのは本人なんです。けれども、そこまで知識がないから、総務担当者の方とかがフォローしてあげなければいけない。欠勤になったら給与が出ないから、代わりに給付金をちゃんと申請しなきゃいけないんですよ。それを会社や総務担当者がやってあげないと、本人も気づかないままソンをしていることになる。

社員が入院したときに、そういう機転をきかせられないとダメだってことだな。それで2年過ぎちゃったら、もらえたのにすみません、と社員に謝らなくてはいけないな。

ますます責任重大じゃないですか！

ちなみに、社会保険労務士は、労働・社会保険諸法令に基づく申請書・届出書の作成や提出の代行、申請などの事務代理、帳簿書類の作成を行うことができます。**社会保険労務士以外の人が、業として報酬をもらって、これらの業務を行うことはできません。**

9 マイナンバーって、社会保険事務とどんな関係があるの？

手続きの簡素化などが進められています。

ところで佐藤さんは、もうマイナンバーカードは持っていますか？

それがまだなんですよね……。無くても今のところ特に困ることも無いし、なんか個人情報とか怖いのかなって。

平成28年1月から運用開始されたマイナンバー制度ですが、平成30年からは社会保険の手続きにおいてもマイナンバーの運用が開始されました。これに伴い、年金事務所へ届け出る書類の様式が変更されました。

ふーん。ってことは、年金事務所へ届け出る書類にマイナンバーを書く欄があって、たとえば社員が引っ越したり、結婚したりしたときは、その社員のマイナンバーを記入をして、出すようになったってことですか？

そうですね。マイナンバーを記載する欄が出来たのはそうだけど、住所変更届や氏名変更届、あとは死亡届の提出も原則として、届出自体を省略できるようになったんですよ。

えっ？　じゃあ、会社は何もしなくていいの？

そうですね。基礎年金番号とマイナンバーの紐づけが出来ている場合（※1）は、本人が区役所で手続きをした情報は年金事務所と連携されるので、会社から年金事務所への届け出は不要になったんです。

すごい……。

その他にも資格取得届にマイナンバーを記載して届出れば、基礎年金番号や住所の記載も不要になりました。いろんな場面で手続きの簡素化が進められているんです。

たとえば、オンライン資格確認が導入されている医療機関や薬局（※2）ではマイナンバーカードをカードリーダーにかざすだけで、健康保険証としての利用も可能になりました。転職・結婚・引っ越しをしても、新しい健康保険証の発行を待たずに病院を受診することが出来ます。**ほかにも、入院時など医療費が高額になる場合に病院に提示する必要のあった「限度額適用認定証」が、情報提供に同意するだけで自己負担限度額を超える支払いが免除されるようになり、今までの書類申請の手間や一時支払いの負担などが省けます。**

※1　基礎年金番号とマイナンバーの結びつきの状況は、ねんきんネットや最寄りの年金事務所で確認できます。
※2　医療機関・薬局によって導入の開始時期が異なります。利用できる医療機関・薬局については、厚生労働省のHPで公開されています。

また、マイナポータルで自分の特定検診の情報や薬剤情報、医療費通知情報の閲覧、確定申告の医療費控除で医療費通知情報の自動入力ができるようになっています。

その他、転籍・転職があったときに本人の同意があれば、マイナンバーを含む特定個人情報を転籍・転職先へ提供することも可能になっています。

じゃあ僕もそろそろ持ってみようかな。でも便利になったのはいいけど、うちの社員のマイナンバーもボクが見たり、必要なときは書類に書いたりするんでしょ？　ドキドキするなぁ。

佐藤さんがこれから担当する社会保険事務は、マイナンバーの扱いも重要な仕事の一つですよ。

個人のマイナンバーは、正式には「個人番号」という名称です。**平成28年1月から順次変更されている書類の様式にはその「個人番号」欄が追加され、記入が必要**になります。

しかし、単に担当者が記入するというだけでなく、会社として、個人番号の取扱いに関しては、さまざまな対応が必要なのです。というのは、**企業で個人番号の漏洩などが起こると、いわゆる「なりすまし」などの犯罪に利用される恐れがある**からです。

たとえば、会社は従業員とその扶養家族の個人番号を提出してもらわなければなりませんが、その際は本人に利用目的を明示したうえで、決められた方法で厳格な本人確認を行わなければならない、とされています。

また、個人番号の漏洩などを防ぐため、「特定個人情報の適正な取扱いに関するガイドライン（事業者編）」にしたがって適切な管理をして安全管理措置を講じなければなりません。**その範囲は、取得から始まって、安全管理措置等、保管、利用、提供、開示・訂正・利用停止、廃棄と、個人番号の取扱いすべてにわたっています。**

ガイドラインをよく確認し、従業員の個人番号の取得から、その従業員の個人番号が必要なくなって廃棄するまで、すべてにわたって個人番号関係事務を適切に行うことが大事ってことです。違反した場合は法的責任が生じることも肝に銘じておきましょう。

なお、個人番号の運用とともに「法人番号」の運用も始まっています。**従来、社会保険関係の書類などで「会社法人等番号」の記載をしていた欄は、平成28年1月から、マイナンバー制度により国税庁長官が指定する「法人番号」の記載欄に変更になりました。雇用保険の書類にも、法人番号の記載欄が追加されています。**

PART 1

「社会保険制度と保険料のしくみ」の まとめ

□社会保険には、大きく分けて「公的医療保険」「介護保険」「公的年金」「雇用保険」「労働者災害補償保険（労災保険）」の5種類がある

□一般に、公的医療保険、公的年金、介護保険の3つを合わせて、狭い意味の「社会保険」と呼ばれる

□一般に、労働者災害補償保険、雇用保険を合わせて「労働保険」と呼ぶ

□公的医療保険は、立場によって加入する保険の種類が変わる。会社員が加入するいわゆる「健康保険」、自営業の人や働いていない人が加入する「国民健康保険」、おもに75歳以上の人が加入する「後期高齢者医療制度」がある

□「健康保険」は、誰が保険の運営をしているかで3つに分かれる。中小企業の会社員が加入する「全国健康保険協会管掌健康保険」（協会けんぽ）。大企業の会社員などが加入する「組合管掌健康保険」（健康保険組合）、公務員が加入する「共済組合」の3つ

□会社の事業所はすべて、健康保険・厚生年金・介護保険に加入しなければいけない。社長1人の会社も例外ではない

□労働保険も、労働者を1人以上使用している法人と農林水産業以外の個人事業主が、加入しなければならない「当然適用事業」となる。ただし、社長1人の会社は適用外

□社会保険料には、劇的な削減策はない。ただし、正しい知識を得ることで、ムダに高い保険料を支払っていたり、本来はもらえるべき給付金をもらってないケースがある。ちゃんとした知識を得ることが、節減策につながる

□社会保険の保険料は、会社が社員に支払った給与や賞与の額で決まる。健康保険・介護保険・厚生年金は、毎年4・5・6月の給与などの平均額を「健康保険・厚生年金保険の保険料額表」にあてはめて決定するのが基本

□社会保険料は、賞与からも引かれる

□健康保険・介護保険・厚生年金の保険料は、従業員と会社で折半して支払う

□労災保険の保険料は、全額、会社が支払う

PART 1 まとめ

- □保険料を算出するしくみを知ると、ムダな保険料を支払わないための方法が見えてくる
- □健康保険や厚生年金には、医療や老齢年金以外にも、さまざまな保険給付がある
- □厚生年金には、一般的な「老齢厚生年金」のほか、「障害厚生年金」や「障害手当金」「遺族厚生年金」がある
- □労災保険には、仕事によるケガや病気、通勤途中のケガなどのときに自己負担なし（療養給付は原則200円の自己負担あり）で医療が受けられる「療養（補償）給付」のほかにも、「休業（補償）給付」や「障害（補償）年金」など、さまざまな給付がある
- □アルバイトやパートの人が仕事中にケガなどをした場合にも、労災保険の給付を受けることができる
- □雇用保険には、いわゆる失業保険のほかにも、「育児休業給付」「介護休業給付」など、さまざまな給付がある
- □雇用保険には、会社に対するさまざまな助成金がある
- □すべての給付は、自ら申請しないと受けられない「申請主義」がとられている

PART 2

保険料計算のしくみ

〜算定方法を知ればムダに高い保険料を払わなくていい！〜

次のテーマは、健康保険と、厚生年金の保険料です。社会保険制度を支えている「お金」は、誰がどのように負担しているかを見ていきます。このしくみを知っていくなかで、保険料でソンをしないための方法が、自然に身についていきます。

① 昇給するなら「7月、1等級以内」に

標準報酬月額には「定時決定」と「随時改定」がある

先生、社会保険の概略みたいなものはわかりました。次は、社会保険料のしくみを、もうちょっと具体的に教えていただけませんか。たとえば昇給は7月がいいとかおっしゃってましたよね？

そういう話はしっかり覚えてますね……。たしかに、しくみを知れば社会保険料を抑えることもできますからね。その話は、標準報酬月額の決定と、決定された保険料を天引きするスケジュールに理由があるんですよ。

健康保険（介護保険）と厚生年金保険の保険料を決めるのは、大きく分けて給与の額（＝標準報酬月額）と、賞与の額（＝標準賞与額）です。

このうち、標準報酬月額を決定・改定するケースは次の４つのパターンがあります。

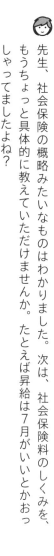

◎入社したとき（資格取得時決定）
◎大幅な昇給や降給があったとき（随時改定）
◎年1回定期的に（定時決定）
◎産前産後休業や育児休業から復帰したとき（産前産後休業終了時改定・育児休業等終了時改定）

最も一般的なのは「定時決定」で、原則として7月1日現在、被保険者である人全員が対象になります。75ページの図のように、定時決定では4月から6月の報酬の平均を計算し、7月上旬に年金事務所に届け出る決まりです。すると9月に標準報酬月額が改定され、10月から改定された標準報酬月額による保険料の天引き（控除）が始まります。

つまり、**10月から翌年9月まで給与から控除される保険料は、4月から6月の給与（報酬）の平均で決まる**わけです。

ということは昇級を7月にすると、昇給した給料で保険料が天引きされるのは……翌年の10月から？

そういうことですね。もちろん、保険料アップを1年先送りしているだけですが。

でも、7月から9月までは前々年度の保険料で、10月から翌年9月までは前年度の保険料ってことでしょ？　しかも、毎年繰り返される。これはおいしい！

まあ、長期的に見ればあまり関係ないとも言えるけど、当面は安くなるよね。そういうふうに考えればいいでしょう。

そうですね。このとき注意点が1つ。「随時改定」のルールに関係することなんですが……。

標準報酬月額を変更しなければいけないとき

標準報酬月額は、報酬月額の大幅な変動があったときは、年金事務所に届け出て、変更しなければならないことになっています。

条件は、①基本給などの固定的賃金が変動している、②所定労働日数から欠勤日数などを引いた「支払基礎日数」が17日以上ある、③変動した月から3か月間の報酬の平均が、変動前の標準報酬月額と比べて保険料額表で2等級以上の差がある、の3つをすべて満たすというものです。

これが「随時改定」です。今回、佐藤さんが社会保険業務を担当することになり、けっこうな額の手当が付いて2等級アップした、などの場合も該当するわけです。

標準報酬月額の「定時決定」と保険料控除のスケジュール

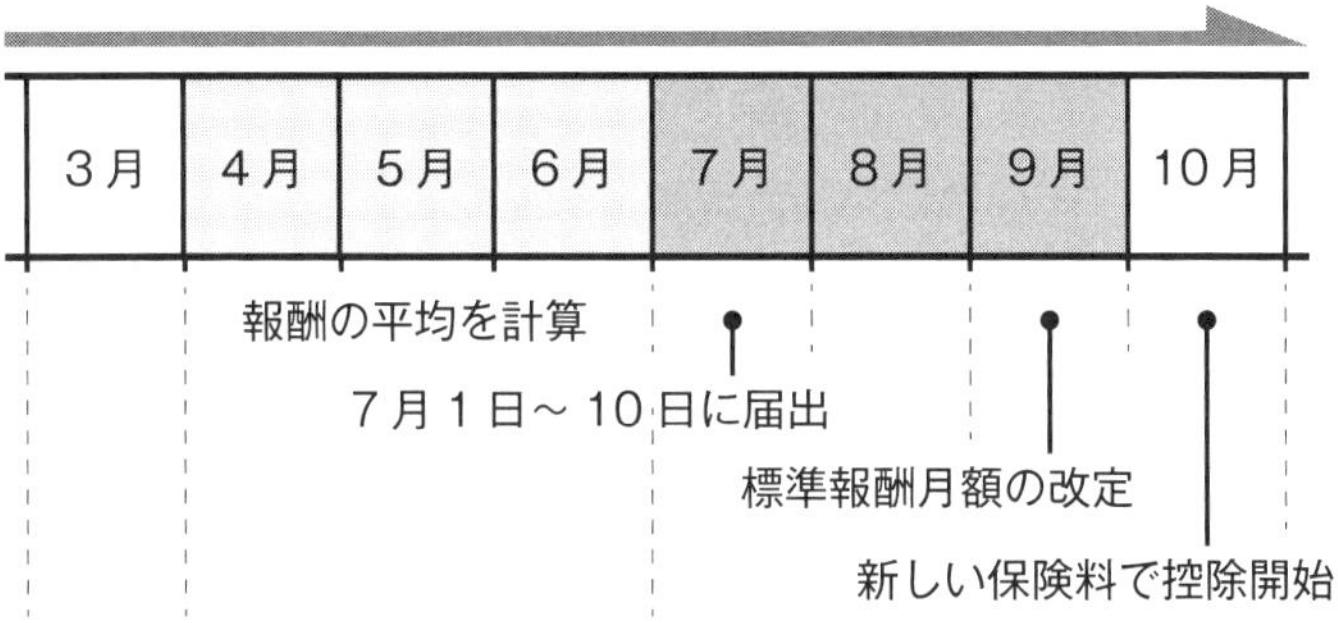

《2024年4月に昇給すると……》

2024年4月・5月・6月 の報酬の平均によって、

2024年9月分 からの標準報酬月額が決まる

《2024年7月に昇給すると……》

2024年7月・8月・9月 の報酬の平均が、

変動前の標準報酬月額と比べて2等級以上の差がなかった場合、
（随時改定に該当しなかった場合）

2025年9月分 から、昇給額が反映された標準報酬月額になる

7月に昇給すると、保険料のアップを
1年先送りできる場合があるということですね。

社長、僕はデザイン業務と経理をやっていて、そのうえ新しく社会保険事務も担当になりましたが、何か手当はつくんですか？

もちろん。だからキミの標準報酬月額も上がり、保険料も上がるよ。

うーむ、喜ぶべきか悩むべきか。

それは喜ぶべき。手取りが増えるんだから。セコいこと考えるとストレスになるよ。

保険料額表をもう一度見てください(41ページ)。いちばん左に「等級」ってあるでしょ？　これが2等級以上アップすると、7月の昇給でも随時改定の届け出をして標準報酬月額を変更しなければいけないわけです。

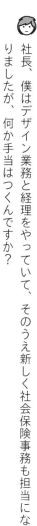

昇給は7月、1等級以内、ってことですね。

ともかくこの料額表とにらめっこすると。細かい表だけど、ここにすべてが書かれていると言ってもいいよね。50等級とかまであるけど……。

ちなみに賃金規程に「4月昇給」などと定めがある場合は、規程の変更も必要ですから注意してくださいね。

随時改定は、報酬月額の大幅な変動があった月以降、3か月の平均を計算して、74ページに挙げた①から③のすべての条件に合った場合に行います。標準報酬月額の改定は4か月めからとなり、5か月め支給分の給与から天引き額が変更されるわけです。

なお、少し話は横道にそれますが、**入社したときの「資格取得時決定」では報酬月額の平均が計算できないので、基本給に手当などを加えて報酬月額とします。残業手当も、他の従業員を参考にするなどして見込額を加えなければなりません。**

産前産後休業や育児休業などから復帰したときの「産前産後休業終了時改定・育児休業等終了時改定」では、休業が終了した日の翌日が属する月から3か月間の報酬を平均し、4か月めに標準報酬月額を改定、5か月めから保険料控除額が変更になります。

② ボーナスを減らして、月給に回すとトクをする？

知ってるといろいろ使える「保険料額表」のしくみ

保険料額表を見ていると、ほかにも保険料でトクする方法がいろいろ見つかりますよ。たとえば、標準報酬月額の等級を決める報酬月額は、けっこう幅がありますよね。

ほんとだ。1万円から、高いほうでは6万円くらいの幅がありますね。

つまり、1円の違いで等級が上がったり下がったりするってことです。たとえば報酬月額28万9999円だと、標準報酬月額は28万円、健康保険21等級、厚生年金18等級です。報酬月額が1円上がって29万円になると、標準報酬月額30万円、健康保険22等級、厚生年金19等級となります。

そうすると保険料は……？

保険料額表で3か月の平均をあてはめる報酬月額欄は、1万円から6万円の幅で標準報酬月額を決めるようになっています。そのため、**報酬月額1円の違いで等級が上がり、保**

険料が上がることがあるのです。

佐藤さんの場合であてはめてみると、健康保険21等級の保険料は全額で2万7944円、厚生年金18等級は5万1240円で、合計7万9184円。

一方、健康保険22等級の保険料は全額で2万9940円、厚生年金19等級は5万4490 0円、合計で8万4840円となります。なんと報酬月額1円の違いで、月額5656円、年額では6万7872円の差です（協会けんぽ・令和6年度・東京都の例）。

報酬月額が等級の下限に近いのは負担割合が大きい、つまりソン。上限に近いほどトクをすると言えるかもしれませんね。

上限に近いってことは、給料はその分多くもらって保険料はそのままってわけか！

報酬月額27万円の人が、1万9999円昇給して28万9999円になっても、保険料は同じですからね。

なるほど。要は1円刻みで上がったり下がったりするんじゃなくて、段階的だと。

そういうことです。

報酬月額を等級の上限に近づける方法としては、賞与の額と調整することが考えられま

報酬月額の幅と保険料の額

令和6年3月分（4月納付分）からの健

・健康保険料率：令和6年3月分～　適用　　・厚生年金保険料率
・介護保険料率：令和6年3月分～　適用　　・子ども・子育て拠出

（東京都）

標準報酬 等級	標準報酬 月額	報酬月額 円以上		報酬月額 円未満	全国健康保 介護保険第2号被保険者に該当しない場合 9.98% 全額	折半額
1	58,000		～	63,000	5,788.4	2,
2	68,000	63,000	～	73,000	6,786.4	3,
3	[illegible]	[illegible]		[illegible]000	7,784.4	3,
4(1)	[illegible]	[illegible]		[illegible]000	8,782.4	4,
5(2)	[illegible]	[illegible]		[illegible]000	9,780.4	4,
6(3)	104,000	101,000	～	107,000	10,379.2	5,
7(4)	110,000	107,000	～	114,000	10,978.0	5,
8(5)	118,000	114,000	～	122,000	11,776.4	5,
9(6)	126,000	122,000	～	130,000	12,574.8	6,
10(7)	134,000	130,000	～	138,000	13,373.2	6,
11(8)	142,000	138,000	～	146,000	14,171.6	7,
12(9)	150,000	146,000	～	155,000	14,970.0	7,
13(10)	160,000	155,000	～	165,000	15,968.0	7,
14(11)	170,000	165,000	～	175,000	16,966.0	8,
15(12)	180,000	175,000	～	185,000	17,964.0	8,
16(13)	190,000	185,000	～	195,000	18,962.0	9,
17(14)	200,000	195,000	～	210,000	19,960.0	9,
18(15)	220,000	210,000	～	230,000	21,956.0	10,
19(16)	240,000	230,000	～	250,000	23,952.0	11,
20(17)	260,000	250,000	～	270,000	25,948.0	12,
21(18)	280,000	270,000	～	290,000	27,944.0	13,
22(19)	300,000	290,000	～	310,000	29,940.0	14,
23(20)	320,000	310,000	～	330,000	31,936.0	15,
24(21)	340,000	330,000	～	350,000	33,932.0	16,
25(22)	360,000	350,000	～	370,000	35,928.0	17,

健康保険の等級と、カッコ内が厚生年金の等級

す。**賞与は標準報酬月額による計算と違い、1000円未満を切り捨てた標準賞与額に直接、保険料率を掛ける計算方法**です。

ですから、賞与の一部を減らしてその分を給与にあて、等級の上限に近づければ、賞与の保険料はその分下がり、一方、給与の保険料はそのままとすることができます。

まあ現実には、残業手当が毎月変わったりして、報酬月額を1円単位でコントロールすることはむずかしいですけどね。

でも、天引きされる保険料は変わらずに、2万円近く給料が上がることもあるわけでしょ？　無視できませんよ。

少なくとも、標準報酬月額のしくみを知って、意識しておくことが必要ですね。それともう1つ。保険料額表の等級には上限があります。これを利用すると……。

厚生年金保険料の等級は、32等級、標準報酬月額65万円が上限になっています。これ以上は、いくら給与が上がっても厚生年金保険料は上がりません。

標準報酬月額65万円の報酬月額は、63万5000円以上となっています。ですからその12倍、762万円以上の年収がある人は、賞与をなくして、その分を毎月の給与でもらっ

■ 年収900万円の人の厚生年金保険料額

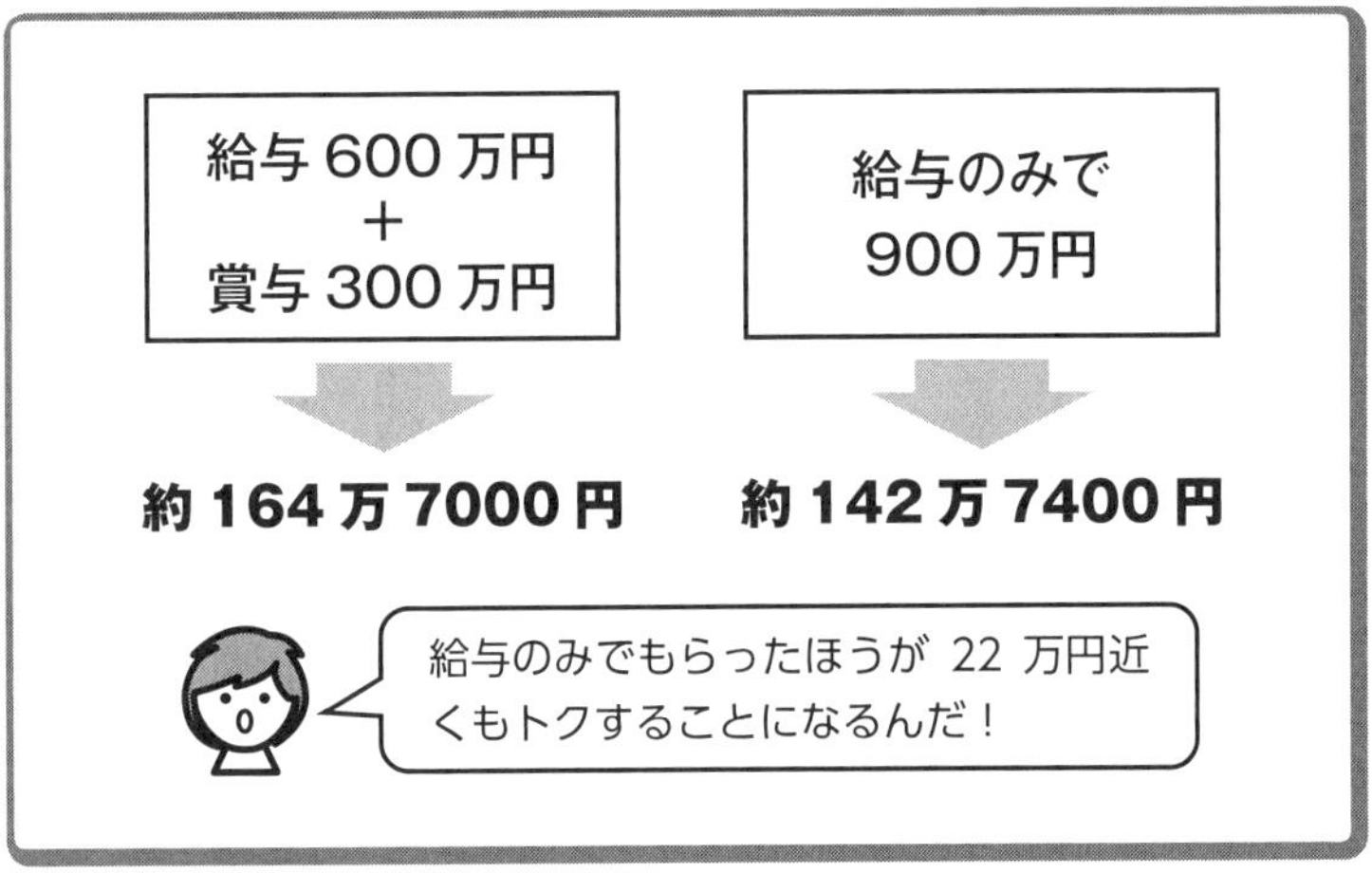

たほうが厚生年金保険料の分トクです。

たとえば年収900万円の人が給与で600万円、年2回の賞与で300万円もらっていたとします。厚生年金保険料の年額は全額で約164万7000円。これに対して900万円すべてを給与でもらうと約142万7400円、年間で22万円近い差になるのです。

③ ボーナスを年1回の支給にするとトクをする？

保険料の「上限」を活用する方法

報酬月額にしても標準報酬月額にしても、「上限」っていうのはけっこうポイントになりそうですね。

標準賞与額にも1か月当たりの上限があるんです。ですから、たとえば……。

えーと、1か月当たりの上限があるってことは、年間のボーナスの累計額が、その上限を超えているときは、1回にまとめて支給すれば保険料でトクするってことですか？

はい。正解です。

標準賞与額の上限は、厚生年金で1か月当たり150万円となっています。ですから、年2回以上の支給で150万円以上が支給されている場合は、1回にまとめると都合がいい。賞与の厚生年金保険料は、標準賞与額に保険料率を掛けて計算するので、150万円以上の分には保険料がかからないわけです。ちなみに、健康保険料の標準賞与額の上限は年間累計額（毎年4月1日から翌年3月31日までの累計）で573万円です。

なお、**賞与も報酬と同じく、名称にかかわらず労働の対価として受け取るものすべてを含みます。手当などの名目で支給しても、賞与となる場合がある**ので注意しましょう。

報酬との違いは、年3回以下の支給である点です。年4回以上の支給になると、賞与などの名目でも報酬に含めて計算しなければなりません。大入袋や見舞金など、臨時に支給されるものは、どちらにも含めなくてOKです。

報酬と賞与の届出手続きについて

なお、報酬と賞与では、届出の手続きが異なります。

4・5・6月の報酬月額の平均から算定された標準報酬月額は、7月1日から10日の間に「健康保険厚生年金保険被保険者報酬月額算定基礎届」などによって、年金事務所に届け出ます。随時改定がない限り、この届け出は年1回で、翌年の7月まで標準報酬月額の届出は必要ありません。

しかし**賞与は支給のつど、原則として5日以内に「健康保険厚生年金保険被保険者賞与**

支払届」などを届け出る必要があります。なお、随時改定があった場合は、「健康保険厚生年金保険被保険者報酬月額変更届」を届け出なければいけません。

賞与の支給回数を変えるにも、賃金規程などの変更が必要な場合があるので注意してください。

先ほどからご紹介している「上限をうまく使う方法」は、ほかにもいろいろ応用できます。たとえば、**役員の家族も会社で働いていて給与や賞与を受けている場合、どちらかに手厚く支給したほうが保険料でトクをする**場合があります。

労働の実態にもよりますが、どちらかの支給を手厚くして、報酬月額の上限近くにする、厚生年金の標準報酬月額の上限を超える、標準賞与額の上限を超える、などの場合、家族トータルの保険料と会社の負担分でトクになるわけです。

保険料のしくみを知っていれば、いろいろ工夫ができるってことだね。

奥さんのほうがたくさん働いているんだから、社長の給料を減らして奥さんのを多くすればトクしますよ。

扶養家族とか配偶者控除とか、今度は税金の話が出てくるけどね。

④「退職金」は報酬にはならないの？

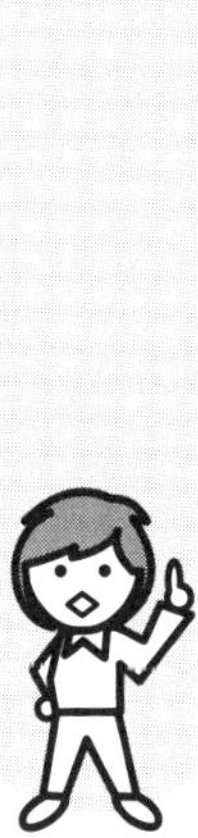

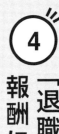

「報酬」になるもの、ならないもの

臨時で受けるもののなかには、金額の大小に関係なく報酬・賞与に含まれないものがあります。代表的なのは退職金。

え？　退職金は報酬にならないんですか？

なりません。

じゃあ、うまくやれば……。

たとえば、従業員の納得を得たうえで、賞与の一部を退職金の上乗せにあてる方法が考えられます。

具体的には、**「中小企業退職金共済制度（中退共）」**などを利用するとよいでしょう。この制度は、中小企業でもきちんと退職金が支給できるよう設けられた国の退職金制度です。掛金は事業主が全額負担しますが、国からの助成もあります。

会社が掛金を毎月納付すると、従業員が退職したときに直接、中小企業退職金共済事業から退職金が支払われるしくみです。掛金は月額5000円から3万円まで16段階の中から選べ、途中で変更もできます。万が一、途中で契約を解除した場合も、解約手当金が従業員に支払われるので、掛け捨てになることはありません。

この**掛金は全額、会社の経費として計上できます。従業員の給与として、税金や社会保険料がかかることもありません。**この制度を利用して、賞与の一部を掛金にあてれば、その分、社会保険料が少なくなります。

それはその通りだけど、要するに退職金制度というのは社内規定だから。中退共を利用せずに退職金も少ないという会社もいっぱいあります。社会保険とは違う話だけど。

違う話だけど、切実ですよね。社長、ウチに退職金規程ってあるんですか？

あるよ。でも中小企業退職金共済制度までは、やってないなあ。

じゃあ、僕の退職金は……？

佐藤さんは会社の中核でやっていくんだし、定年のときにドカッともらえますよ。

そうとも、定年のときにはな……。

それって何年先ですか。これから新人も入ってくるかもしれないんだから、退職金は手厚くしといたほうがいいですよ。

辞めていく人間に大金を払うのはもったいないと思うかもしれないけど、その会社の信用度みたいなものにつながるからね。

いずれにしても、退職金は報酬にはならない、これは大事です。

それと田中社長は、小規模企業共済に入ってますよね。

なんですか、それ？

会社を閉じるなり、次の代に譲るなりして社長が一線を退くとき、田中デザインじゃ退職金出せそうもないでしょ。そのときのために、月々積み立てておくの。上限が月7万円で、年間84万円までね。

どうせ私の退職金なんか出せませんよ……。でもこの制度、けっこう使えるんだよ。

すねてるんだか、自慢してるんだかわからない……。

これは社長が自分の報酬からコツコツ積み立てるんだけどね、全額が所得から控除されるんですよ。

私は役員報酬を（株）田中デザイン事務所から受け取っているわけだ。そこから基礎控除、扶養控除、生命保険、年金などが控除された額に所得税などが課税される。だけど小規模企業共済を満額掛けていたとすれば……。

年間さらに84万円の控除になり、税金が減る！

そういうことさ、ふっふっふ。まあ、実際に年間84万円は痛いから、月4万円ぐらいにしているけど。オレはもう20年積み立てているから、1000万円は超えるな。

でも、社長がやめるときに掛けた金額が全額返ってくるわけじゃないでしょ？

いや、ほぼ満額。もしかしたらほんのわずか利息もつくかもしれない。

ずるーい！　ほとんど貯金と一緒じゃないですか！

だけどね佐藤さん。田中デザインぐらいの規模だと、社長は自己防衛として、それぐらいしてもいいと思いますよ。事業承継のときの資金にもなる。それに積み立てた額の7〜9割の貸付が、ほとんど即金でしかも年利1・5%未満で受け取れます。返済期間は5年ぐらいだけど、無利子に近いからね。会社の資金繰りが悪化したときなど、田中社長は何度か利用したはずですよ。1000万円の積み立てがあれば、上限で900万円ぐらいは貸し付けてくれます。ただし貸付金の返済が滞ると年14・6%の延滞利子が発生します。

銀行からの融資は審査だ何だと時間がかかる。でもこれは、預けたお金を担保にして貸し付けてくれるわけだから、審査なし。何回か利用させてもらったよ。キミの賞与もここから出したこともある。

そういうこと。小さな企業、個人事業主は、ぜひ加入しておいたほうがいいですね。

⑤ 4・5・6月はできるだけノー残業デーに

手当も現物支給も「報酬」になる

退職金以外に、報酬・賞与にならないものはないんですか？

現物で支給されるものも、ほとんどは金額に換算して報酬になるんですよ。報酬になる・ならないものをまとめてみましょうか（次ページ図表参照）。

恩恵的、臨時的、実費弁償的に支給されるもの以外は、ほとんどが報酬となり、標準報酬月額の算定に含まれます。法令にも「賃金、給料、俸給、手当、賞与その他いかなる名称であるかを問わず、労働者が、労働の対償として受けるすべてのもの」とあります。

賞与についても、「すべてのもののうち、三月を超える期間ごとに受けるもの」とされているので、期間と回数の違いだけで、同様の基準により賞与に含まれることになります。

退職金以外は、金額の小さいものばかりだなあ。

「報酬」になるもの、ならないもの

<table>
<tr><th></th><th colspan="2">金銭で支給</th><th>現物で支給</th></tr>
<tr><td rowspan="3">報酬になるもの</td><td>基本給</td><td>月給、週給、日給など</td><td rowspan="3">食事・食券など
社宅・寮など
通勤定期券・回数券
被服（勤務服を除く）
自社製品（給与として支給されたもの）</td></tr>
<tr><td>手当</td><td>残業手当、通勤手当、住宅手当、家族手当、役付手当、勤務地手当など</td></tr>
<tr><td>賞与など</td><td>年４回以上
支給されるもの</td></tr>
<tr><td rowspan="3">報酬にならないもの</td><td>恩恵的に支給されたもの</td><td>病気見舞金、慶弔金など</td><td rowspan="3">事務服・作業服などの勤務服
現物給与価額の 2/3 以上を本人から徴収した食事
現物給与価額以上を本人から徴収した社宅</td></tr>
<tr><td>臨時的・一時的に支給されたもの</td><td>大入袋、退職金など</td></tr>
<tr><td>実費弁償的なもの</td><td>出張旅費、交際費など</td></tr>
</table>

金額が大きいのは報酬になる基本給や手当だけど、だいたいはコントロールできないものですね。その中でほとんど唯一、やりようで額を減らせるのが残業手当です。

なるほど！　標準報酬月額のもとになる4・5・6月に残業を減らせば……。

基本給や手当のほとんどは、月によって変動しない固定的賃金です。その中でほとんど唯一、変動するのが残業手当です。そして、**残業手当も当然、報酬月額の計算に含まれます。ですから、4・5・6月の残業をできる限り少なくすることが、報酬月額を上げないことにつながり、**標準報酬月額を抑えて社会保険料を少なくすることにつながるわけです。

とはいっても、年度始まりや決算業務で、かえって忙しい月だしなあ。

そんなことは言ってられない！　みんなでがんばって、4・5・6月はできるだけノー残業デーだ！

6 保険料が安い組合ってあるの？

健康保険組合には「総合」「地域型」もある

もう1つ、健康保険料を確実に安くする方法があるにはあるんですが……。

えっ、そいつは、な、なんですか!?

まあ、そういきり立たないで……。健康保険組合の中には、同業種の企業や、同じ都道府県の企業が集まってつくるものがあります。

健康保険組合は、大企業が母体となってつくられているものが一般的です。これを**「単一健康保険組合」**といいますが、同業種の事業所が集まってつくる**「総合健康保険組合」**があります。たとえば何千人も社員がいる企業は、独自の健康保険組合を持っています。そうでないところ、たとえば中小企業ばかりの出版界では「出版健保」があります。

各健康保険組合は、法律の範囲内で保険料を独自に決めることができるので、一般に協会けんぽより低く設定していることが多いのです。本人の負担が軽くなるほか、事業主負担も従業員全員の分、軽くなるので、協会けんぽと大きな差になります。

また**組合によっては、法律で決められた保険給付のほかに、組合による付加給付があるのもメリット**です。たとえば、出産育児一時金や埋葬料に、組合による「付加金」がプラスされるケースがあります。さらに、被保険者と家族を対象に、健康診断や保養施設の提供、各種イベントなどの保健事業を行っている場合もあり、これらも協会けんぽにはない特長です。

事業所は、協会けんぽから別の健康保険組合に編入することも可能です。業界や地域に、より保険料が低い健康保険組合がないか、一度調べてみるとよいでしょう。

要するに協会けんぽ以外に入るべし、と。

でも、健保組合だから必ずしも協会けんぽより安いということではないし、高いんだけど給付がより充実してるというところも、なかにはある。

両者を検討してみよう、というか、検討することができるんだよ、ということですね。

いいね。ウチが入れる、保険料の安い健康保険組合を探してくださいよ。

実は、この前少し探してみたんですけど、条件に合う健康保険組合がなかったんですよ。

じゃダメか……。

まあ、同じ業種の事業所を集めて健康保険組合をつくることもできるし。

どれくらい集まればいいんですか？

総合健康保険組合なら、被保険者数で３０００人。そんなに集めるのは無理だったら、将来的に、会社が大きくなったときに単一健康保険組合をつくる手もありますね。

それって、どれくらいの規模になったらつくれるんですか？

被保険者数で７００人。

こりゃ、永遠に無理だ。

今はどの健保組合も苦しいんです。大げさなことを言うと、破綻寸前のところもある。病院に行くと3割を支払いますが、逆に言うと7割は健保組合が支払っているんです。高齢化が進み、医療費も増えているから、ホントに苦しい。

だからといって、高額の健康保険料を支払うほうもつらいですけどねえ。

健康で医者いらずの人は、健康保険料を「高い」と思うけど、病気がちの人は、また違った意味で「高い」と感じているんです。つまり、医療費をこれだけ払って、さらに保険もかよ!、という気持ちですね。医者いらずの人は、「保険料だけで済んでいて、病院代がかからない」と考えたほうがいいと思います。もちろん、行政のムダやいい加減さは追及すべきですが……。

PART 2

「保険料計算のしくみとポイント」の まとめ

- □標準報酬月額の決定方法には「定時決定」と「随時改定」がある
- □もっとも一般的な「定時決定」では、原則として「7月1日現在」に被保険者である全員が対象になる
- □10月から翌年9月まで給与から控除される保険料は、4月から6月の給与（報酬月額）の平均で決まる
- □2等級以上アップすると、随時改定の届出をして標準報酬月額を変更しなければならないため、昇給するときは「7月・1等級以内」がよい
- □賞与にかかる保険料は、標準報酬月額による計算と違って、1000円未満を切り捨てた「標準賞与額」に直接保険料率を掛けて計算する
- □762万円以上の年収がある人は、賞与をなくして、その分を毎月の給与でもらったほう

が、厚生年金保険料の分トクをする

□退職金は報酬にならない

□小さな企業は「中小企業退職金共済制度」や「小規模企業共済」の活用を検討しよう

□4・5・6月の残業をできる限り少なくすると、社会保険料を少なくすることにつながる

社会保険のしくみはとても複雑で、保険料の負担もかなり大きいように感じられますが、「何のために払っているのか」「どうやって計算しているのか」を知ると、少しずつ納得感が高まってくるはずです。

PART 3

社会保険料のムダをなくそう

～人の雇い方次第で、保険料は変わる～

ここでは、保険料のムダをなくす方法を、具体的に紹介していきます。正社員だけでなくパート・アルバイトも含めて、「どのような形で人を雇うか」によって、保険料は大きく変わってきます。

①「入社日は月初」「退職日は月末前日」に

資格取得日と喪失日にまつわるルール

こんにちは、松島先生。

こんにちは。あら、今日も田中社長がご一緒ですか。

今日は、社会保険料を安くする方法を教えていただけるそうで。

いや、ムダな保険料を払わないという話で、そんな劇的に安くはならないですよ。それは先日もお話ししたでしょ。

そうは言ってもねえ。

まあ、せっかく田中社長にいらしていただいたので、今日は人の雇い方や働いてもらう時間、形などでムダな保険料を払わないようにする方法の話をします。

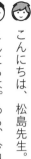

ぜひとも、お願いします！

まずは健康保険と厚生年金の基本から。まず、人を雇うときは入社日は月初にして、社

健康保険（介護保険）・厚生年金保険料の徴収のルール

月初入社・月末前日退職の場合

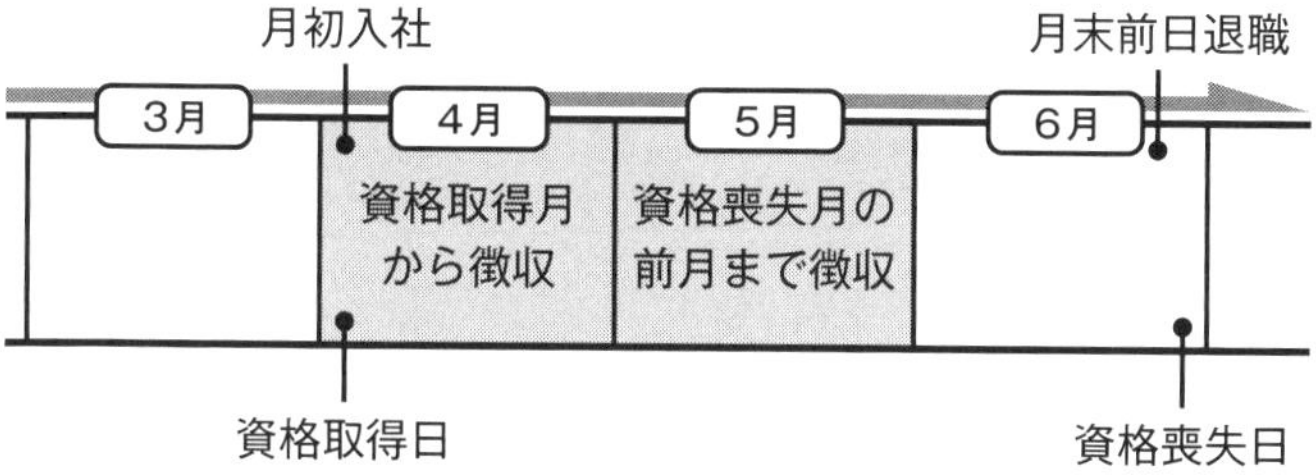

たとえば「4月1日入社」「6月29日退職」だと、
会社が払う保険料は2か月分でOK

月末入社・月末退職の場合

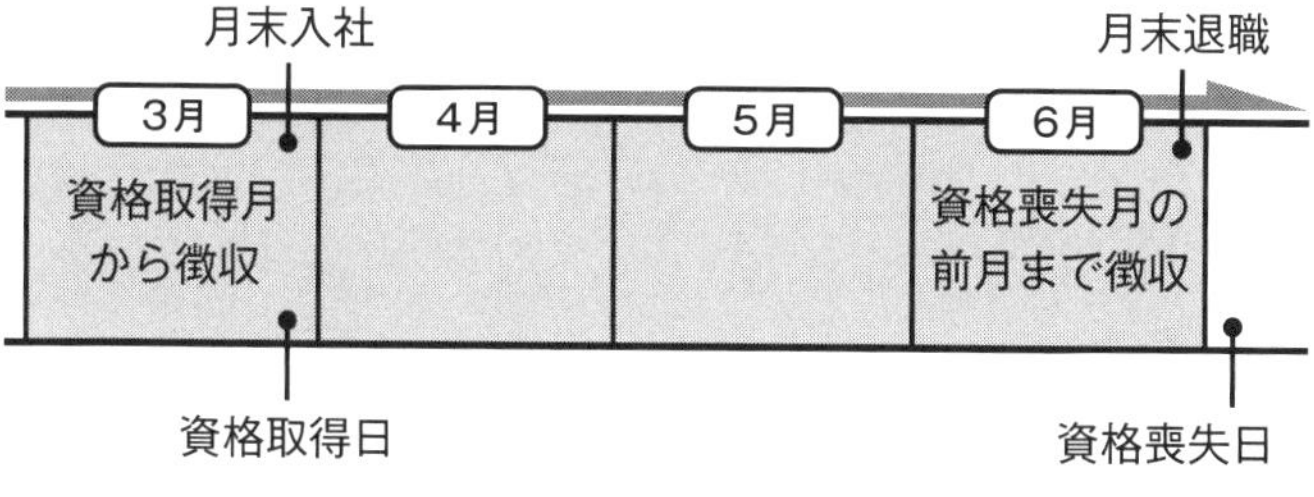

たとえば「3月31日入社」「6月30日退職」だと、
会社も個人も4か月分も支払うことになる！

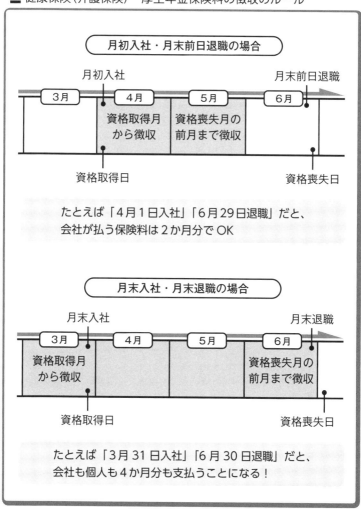

員が辞めるときは、退職日は月末の前日にするのがおトクです。

え？　月初の入社はともかく、月末前日の退職とはずいぶん中途半端な。

これは、社会保険の資格取得日と、資格喪失日の決まりに理由があります。

社会保険の被保険者になった日を「資格取得日」といいます。一般的には、会社に入社した日が資格取得日です。反対に、会社を辞めて被保険者でなくなった日を「資格喪失日」といいます。

ところで、社会保険の資格取得日は、会社に「使用されるようになった日」ですが、資格喪失日のほうは「使用されなくなった日の翌日」というのが決まりです。

そして、社会保険料の徴収は「資格取得日の属する月」から始まりますが、終わりは「資格喪失日の属する月の前月」となります。さらに、社会保険料は月単位で徴収するのがルールで、日割り計算はしません。

ちなみに、社会保険料は「翌月徴収・翌月納付」が原則です（※）。

知らないで何らかの会社の都合で月末入社にしようとしてる人がいる場合に、「明らかにソンですよ」というのは、間違いでもなければ、まずい提案でもありません。

※ 翌月徴収・翌月納付…入社月は、保険料が翌月徴収のため天引きがない。徴収は資格喪失月の前月までなので、退職月は天引きがある。なお、当月徴収もできるが、その場合も納付は翌月となる。

じゃあ、転職する場合にも……。

そうですね。雇われる立場からすれば、こういうことを知っておかないと、小さなところでソンをすることにもなります。で、この決まりから、仮に3月31日に退職した場合の社会保険料を考えてみましょう。資格喪失日は「使用されなくなった日の翌日」ですから、4月1日で、社会保険料は3月分までかかります。でも、退職日を1日早くして3月30日にすると、保険料は2月分まで、ということになるのです。

1日しか変わらないのに、まるまる1か月分の保険料をとられるのはたまらんなあ。これはたしかに、払わないで済ませたい保険料だ。

最悪なのは、月末入社の月末退職です。たとえ月末の1日でも、「資格取得日」になっていれば社会保険料の徴収が始まります。月末入社の月末退職は、月初入社の月末前日退職に比べると2日の違いで2か月分、社会保険料のソンです（↓101ページ）。

1日ずつの在籍で、まるまる1か月分の保険料をとられるのが2回もあるんじゃ、2倍のソンだ！

本人の給与からも控除されるわけですから、4倍のソンですよ。ちなみに、社会保険料の徴収は、当月分の保険料を翌月支給の給与から控除することになってます。

COLUMN

社会保険の資格取得・喪失の届出

社員が入社したときは「健康保険厚生年金保険被保険者資格取得届」などを届け出ます。扶養家族がいる場合は「健康保険被扶養者（異動）届」、20 歳以上 60 歳未満の被扶養配偶者がいる場合は「国民年金第 3 号被保険者資格取得届」も必要です。

社員が退職したときは、「健康保険厚生年金保険被保険者資格喪失届」を届け出て、健康保険証も返却します。資格取得届・喪失届ともに、5 日以内に年金事務所に届け出ることが必要です。

雇用保険は、入社時に「雇用保険被保険者資格取得届」を翌月 10 日まで、退職時には「雇用保険被保険者資格喪失届」を 10 日以内に、ハローワークに届け出ます。労災保険は事業所単位の加入なので、入社時も退職時もとくに手続きの必要はありません。

② なぜ正社員よりパート、アルバイトにしたほうがいいの？

短時間労働者の社会保険加入条件とは

次に、正社員ではなくパートやアルバイトで働いてもらう場合の話をしましょう。

パートやアルバイトって、社会保険に加入しなくていいんじゃないの？　だから、どこの会社でもパートやアルバイトに働いてもらってるんでしょ？

それは大間違い。労働時間によっては健康保険と厚生年金の被保険者になります。

パートタイマーでも、次の条件を2つとも満たす場合は、健康保険（介護保険）と厚生年金保険の被保険者とされます。

①1週間の所定労働時間が、正社員の4分の3以上であること
②1か月の所定労働日数が、正社員の4分の3以上であること

つまり、正社員の1日の所定労働時間が8時間の場合で6時間以上、1か月の所定労働日数が20日の月で15日以上働いてもらう人は、被保険者になります。

逆にいえば、これより少なく働いてもらうようにすれば加入の必要はなく、本人も保険料を負担せずに済みます。

また、**短時間労働者に対する社会保険の適用も順次拡大されています。**それによって、週20時間以上の労働時間など一定の条件に該当すると、被保険者になります（令和4年10月からは101人以上、令和6年10月からは51人以上の企業が対象）。

どうだ、佐藤くんも「1日6時間、月15日より少なく」働けば、キミが高いとこぼしている社会保険料を払わずに済むぞ。会社も佐藤くんの分を払わずに済む。

ふむ。じゃあ社会保険事務を担当するのもムリですね。あの話はなかったことに。

そ、そうきたか。それは困るから、今の話はナシで……。

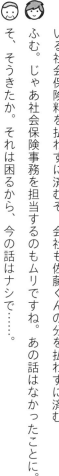

3 臨時に雇うなら「期間を決めて2か月以内」

健康保険・厚生年金の被保険者とされない人

ほかにも社会保険に入らなくていい……いや、ゴホン、被保険者にならない人はいないんですかね？

まったく、田中社長はそういうことばっかり考えて……。私もイマイチ、モチベーションが上がらないんだよなぁ。

梅田先生まで……。そ、そうおっしゃらずに……。

まあまあ……。2か月以内の期間を定めて雇用する人は、社会保険の被保険者にはなりません。田中デザインさんで従業員を採用するとき、2か月以内の有期雇用契約にして、その後、正社員として雇用契約を結んだ場合、正社員になった時点で社会保険に入ることになります。ただし、有期雇用契約で働いてもらう時点で正社員雇用が決まっている場合は、有期契約のときから社会保険に入る必要があるので注意してください。

なるほど。では、有期契約での働きぶりを見て、正社員にするか決めるといったような

場合は、大丈夫そうだね。

社員の採用時に試用期間を設けることは多いでしょう。たとえ試用期間でも、期間の定めのない契約で採用した場合には被保険者となり、社会保険に加入する必要があります。

採用するかどうかわからないようなときは、2か月以内の期間を定めて有期雇用契約を結べば、社会保険の被保険者とされません。有期雇用契約期間が終わって、働きぶりが良かったので、新たに正式に採用することになったら、そのときから資格取得手続きをすればよいわけです。

もちろん、有期雇用契約は働きぶりをみる場合だけでなく、臨時的な仕事でごく短期間だけ（2か月以内）働いてもらいたいときなどの場合にも、結ぶことができます。

そうですね。ただ働く側からすると、有期契約後、正社員になれずに契約期間満了で退職になってしまう可能性があるので、そういった条件で田中デザインで働いてもらえるかどうか、考える必要がありますね。

いまは売り手市場だから、いきなり正社員で働きたい人が多そうですよね。

4 短時間働いてもらうなら「所定労働時間週20時間未満」

雇用保険の被保険者とされない人

先生、雇用保険と労災保険のほうはどうです？　やっぱりドーンと安く——被保険者とされない人なんかいますか？

社長って雇用保険と労災保険の保険料はムダだと思ってますよね。

何を言うか。労災の保険料は全額、会社が出してるし、雇用保険だって会社がたくさん出してるんだ。社長のほうが、キミたちより切実なんだ！

まあまあ。雇用保険の被保険者となるのは原則として、1週間の所定労働時間が20時間以上であり、かつ引き続き31日以上の雇用見込みがある人、となっています。

所定労働時間が20時間以上？　ということは……？

31日以上の雇用見込みがあっても、1週間の所定労働時間が20時間未満の場合は、雇用

雇用保険の被保険者とならない人の例

- 1週間の所定労働時間が20時間未満の人（※）
- 昼間部の学生
- 委任関係と認められる外交員・営業部員など
- 事業主・社長・会長・役員
- 事業主と同居の親族
- 季節的労働者（4か月以内）　など

※令和10年10月1日からは1週間の所定労働時間が10時間未満の人

保険の被保険者になりません。もちろん、その逆もありえますが、現実的に多いのは週20時間未満のパート、アルバイトのケースでしょう。

健康保険（介護保険）と厚生年金は、正社員の4分の3未満の所定労働時間が被保険者とされないので、両方を満たしたパート・アルバイトの人は、本人も社会保険料を負担せずに済みます。

労災保険は、事業所が加入すれば全員が被保険者となるしくみです。全額、会社負担なので本人の負担はありません。

週20時間未満ってことは、1日4時間未満。そうか、学生アルバイトなんかに来てもらって……。

あ、学生は週20時間以上でも、原則とし

て雇用保険の被保険者になりませんよ。

え？　それはまた、どうして？

学生の本分は学業だから、ってことですね。だから、通信教育や夜間、定時制の学生さんの場合は、週20時間以上なら、ちゃんと取得の手続きをしないとダメですよ。あくまでも、学業が本分の昼間部の学生さんだけです。

昼間部の学生は、雇用保険の被保険者になりません。一方、**通信教育や夜間・定時制の学生を雇った場合は雇用保険の被保険者**です。

そのほか、卒業見込証明書を持っていて、卒業後も同じ事業所に勤務する予定の学生も雇用保険の被保険者になります。つまり、採用が決まっていて、入社前にアルバイトとして働いてもらうようなケースでは、雇用保険に加入する必要があるということです。

細かく見ると、雇用保険の被保険者とされないケースはいろいろあります。たとえば保険の外交員とかセールスマンの人で、歩合給主体、出勤義務がないなど、雇用関係というより委任関係と認められる場合などですね。

雇用保険の被保険者とならない人の主なケースは前ページ表の通りです。

5 工場から本社を分けて別の事業所にする

労働保険の保険料の決まり方

労災保険はどうです？　週20時間未満は被保険者にならないとかは？

労災保険は事業所単位の加入ですから、被保険者にならない人はいません。

じゃあ、健康保険と厚生年金みたいに、報酬にならないものは？

労働保険では「報酬」ではなく「賃金」と呼びます。賃金も、社会保険の報酬とほとんど同じ扱いです。

労働保険の賃金も、健康保険（介護保険）・厚生年金の報酬・賞与と同じく、「賃金、給料、手当、賞与その他名称のいかんを問わず、労働の対償として使用者が労働者に支払うもの」と法律に定められています。

つまり、名目だけ変えても、労働の対価である限りは保険料の計算に含まれる点も同じです。**社会保険の報酬との違いは、報酬・賞与の区別がないので、支給回数に関係なく賞与も賃金に含まれること。それに、食事や住宅の取扱いが少し違う程度**です。

労災保険と雇用保険の保険料は、この賃金の全従業員分を合計した「賃金総額」にそれぞれの保険料率を掛けたものになります。あらかじめ1年分の「概算保険料」を申告・納付し、次の年度更新の際に「確定保険料」と精算します。

ちなみに、従業員の給与などから控除した雇用保険料は、「預り金」として会社が預かっておいて、年度更新のときに事業主負担分とあわせて納付します。

じゃあ、労働保険の保険料はあまり変えようがないのですか？

労災保険には、事業所の労働災害の多い少ないに応じて、労災保険率が増減する制度もあります。「メリット制」というんですが……（※）。

自動車保険のゴールド免許割引みたいだなあ。

ただし、要件の中に事業の規模というのがあって、最低でも20人以上の労働者を使用した事業でないと適用できません。

ウチの会社には、払わないでいい労災保険料があまりなさそうですねぇ。

製造業などならあるんですけどね……。115ページにあるのが労災保険率表です。事

※ メリット制…労働災害が多く発生している事業所は労災保険率が上がり、発生していない事業所は下がる制度。業種にもよるが、基本プラスマイナス40%、例外プラスマイナス35%・30%の範囲で保険率が増減する。

業の種類によって、保険料率にけっこう差があるのがわかるでしょう？

１０００分の88から、１０００分の2・5まで、30倍以上も違う！

たとえば製造業の会社などでは、工場と営業・事務部門などの事業所（事業）を別にすると、ムダな労災保険料を払わずに済むことがあります。

たとえば創業時、工場から出発した中小企業の場合、当初は営業や事務などの担当者も工場の一角を事務所としていることが多いでしょう。この場合、**労災保険の保険料率は事業所ごとに決定するので、営業や事務を担当している従業員についても、製品を製造している従業員と同じ料率で労災保険料を支払う**ことになります。

製造業や、林業・漁業・運輸業などの保険率は、一般に他の事業より高いので、細かく言えばその分、ソンをしているわけです。営業や事務の担当者が少ないうちはいいのですが、会社が成長してある程度の規模になったら、営業・事務部門などを工場から移転し、別の事業所とすれば営業・事務部門などの従業員の分が本来の労災保険率になり、高い保険料率で支払わずに済みます。

なお、**工場などが複数ある場合は逆に、１つの事業にまとめることも可能**です。労働保険は事業所ごとに加入するのが原則ですが、事業主、事業の種類が同じであることなどの

労災保険の事業の種類別保険率

労災保険率表

(単位：1/1,000)　　　　(令和6年4月1日施行)

事業の種類の分類	業種番号	事業の種類	労災保険率
林業	02又は03	林業	52
漁業	11	海面漁業（定置網漁業又は海面魚類養殖業を除く。）	18
	12	定置網漁業又は海面魚類養殖業	37
鉱業	21	金属鉱業、非金属鉱業（石灰石鉱業又はドロマイト鉱業を除く。）又は石炭鉱業	88
	23	石灰石鉱業又はドロマイト鉱業	13
	24	原油又は天然ガス鉱業	2.5
	25	採石業	37
	26	その他の鉱業	26
建設事業	31	水力発電施設、ずい道等新設事業	34
	32	道路新設事業	11
	33	舗装工事業	9
	34	鉄道又は軌道新設事業	9
	35	建築事業（既設建築物設備工事業を除く。）	9.5
	38	既設建築物設備工事業	12
	36	機械装置の組立て又は据付けの事業	6
	37	その他の建設事業	15
製造業	41	食料品製造業	5.5
	42	繊維工業又は繊維製品製造業	4
	44	木材又は木製品製造業	13
	45	パルプ又は紙製造業	7
	46	印刷又は製本業	3.5
	47	化学工業	4.5
	48	ガラス又はセメント製造業	6
	66	コンクリート製造業	13
	62	陶磁器製品製造業	17
	49	その他の窯業又は土石製品製造業	23
	50	金属精錬業（非鉄金属精錬業を除く。）	6.5
	51	非鉄金属精錬業	7
	52	金属材料品製造業（鋳物業を除く。）	5
	53	鋳物業	16
	54	金属製品製造業又は金属加工業（洋食器、刃物、手工具又は一般金物製造業及びめつき業を除く。）	9
	63	洋食器、刃物、手工具又は一般金物製造業（めつき業を除く。）	6.5
	55	めつき業	6.5
	56	機械器具製造業（電気機械器具製造業、輸送用機械器具製造業、船舶製造又は修理業及び計量器、光学機械、時計等製造業を除く。）	5
	57	電気機械器具製造業	3
	58	輸送用機械器具製造業（船舶製造又は修理業を除く。）	4
	59	船舶製造又は修理業	23
	60	計量器、光学機械、時計等製造業（電気機械器具製造業を除く。）	2.5
	64	貴金属製品、装身具、皮革製品等製造業	3.5
	61	その他の製造業	6
運輸業	71	交通運輸事業	4
	72	貨物取扱事業（港湾貨物取扱事業及び港湾荷役業を除く。）	8.5
	73	港湾貨物取扱事業（港湾荷役業を除く。）	9
	74	港湾荷役業	12
電気、ガス、水道又は熱供給の事業	81	電気、ガス、水道又は熱供給の事業	3
その他の事業	95	農業又は海面漁業以外の漁業	13
	91	清掃、火葬又はと畜の事業	13
	93	ビルメンテナンス業	6
	96	倉庫業、警備業、消毒又は害虫駆除の事業又はゴルフ場の事業	6.5
	97	通信業、放送業、新聞業又は出版業	2.5
	98	卸売業・小売業、飲食店又は宿泊業	3
	99	金融業、保険業又は不動産業	2.5
	94	その他の各種事業	3
	90	船舶所有者の事業	42

要件を満たしている場合に、複数の事業所をまとめて加入することができるのです。
　これは労働保険の「継続事業の一括」という制度で、保険率は変わりませんが、事務処理などを効率的に行って手間とコストを省くことができます。

田中さんの会社には、どちらも該当しませんけどね。もともと田中社長の会社は「その他の各種事業」で、保険率が1000分の3と低いんですよ。

もともと低いなら、まあよしとするか。

そういえば、田中社長の労災保険特別加入の手続き、済ましておきましたよ（↓57ページ）。役員も全員ですから、奥さんもいっしょです。

あ、自分たちが加入できたから労災保険には甘いんだ。勝手な人だなあ……。

6 家族を役員にするときは非常勤で

役員の社会保険と労働保険

それにしても、いろいろな方法があるもんですな。

あとは外部の人の活用ですね。たとえば、社員以外の人から役員を迎えるとき、役員には常勤役員と非常勤役員があります。非常勤役員として迎えた場合にですね……。

常勤役員と非常勤役員とでは、社会保険の取扱いが異なります。

健康保険（介護保険）と厚生年金については、常勤役員は被保険者です。しかし非常勤役員は、被保険者になりません。

労災保険は特別加入しない限り、雇用保険は兼務役員でない限り、役員は適用の対象外か、被保険者にならない人です。つまり、非常勤の役員なら社会保険はいっさいなしで済むことになります。

ですから、**家族を役員にする場合などは、非常勤役員としておけば、すべての社会保険**

なし、**社会保険料の支払いもなしとすることが可能**です。

なるほど、家族は非常勤役員にする……と。非常勤ということは、給与を出さないということですか。

いえ。常態として勤務していない、ということです。

げ！　じゃあ１００万円支払っていても、仕事をしていなかったら……？

はい、社会保険は必要ないんですよね。

ただし、税金の問題が出てくるね。働いてもいない人間に１００万円も支払う。それは会社の経費になるかどうか。おそらく否認されるね。まあ、よほどのノウハウを持っていて「顧問」というのなら認められるかもしれないけど。

7 「業務委託契約」でOKなら社会保険料ゼロ

アウトソーシングと社会保険料

田中社長の会社では、外部のスタッフに仕事を依頼することもありますよね？

仕事がたてこんだときはよく、外部のデザイナーに仕事を頼んでますよ。

その際、ギャラを支払うときに所得税などの源泉徴収はしても、社会保険料の控除はしないでしょう。これ、なぜだと思います？

そういえば、税金の源泉徴収はするけど、社会保険料の天引きはしないな。なぜだろう？

外部デザイナーへの仕事の依頼が「業務委託契約」で、「雇用契約」じゃないからですよ。

人に仕事を頼むときには、「雇用契約」と「業務委託契約」の2つの方法があります。

雇用契約は、労働者が労働を提供し、使用者は労働に対して報酬を支払う契約です。これに対して業務委託契約は、委託する側が一定の業務の遂行を委託し、受ける側に報酬を支払う契約になります。

社会保険については、雇用契約では決められた社会保険への加入義務がありますが、**業務委託契約ではいっさいの社会保険への加入の義務がありません。**

ちなみに、業務委託契約にも「請負契約」と「準委任契約」の2つの形態があります。請負契約は、仕事の成果を委任者に提供できる場合に結ぶ契約です。外部のデザイナーなどの仕事は、典型的な請負契約ですね。一方、準委任契約は、営業などの販売、総務・人事・経理の事務処理など、特定の業務の処理を委任する場合の契約です。

業務委託契約の場合は、社会保険料の負担がありませんから、人を増やす場合などは、まず外部スタッフに業務委託できないか考えて……あれ田中社長、聞いてます？

あ、ちょっと考え事を……。

まさか、事務所のスタッフを全員業務委託にしようとか考えてたんじゃないでしょうね……。

今までどおり出社して会社の機材も使ってもらって、仕事の割り振りもこちらでして、契約だけ業務委託にしたらどうかな、と。

それは絶対に無理です。業務委託契約には厳しい条件がありますから。

請負契約も準委任契約も、委託する側の指揮命令下に入らない、自己の道具を使う、勤務場所や勤務時間が指定されていない、などの条件があります。

これらの条件を満たしていないときは、業務委託契約でも労働者と判断され、労働基準法などによる保護の対象になるのです。当然、社会保険についても、労働者と同じ加入義務が課されます。

だいいち、みんなが承知しませんよ。社会保険も労働保険もなしに働くのは、誰だってイヤに決まってるじゃないですか！

そう言わずに佐藤くん、ためしにやってみない？　自宅で、自分の機材使ってやればいいでしょ。

社会保険事務はどうするんですか。

社会保険事務も佐藤くんに委託するからさ。この場合は準委任かな？

ちょっと田中さん、それは法律違反です！　社会保険労務士以外の者が報酬をもらって、業として社会保険の業務を行うことはできません！

いや松島先生。この人、ちょっと普通の社長じゃないから（笑）。

PART 3

「社会保険料のムダをなくすポイント」のまとめ

□社会保険の資格取得日は、「使用されるようになった日」だが、資格喪失日は「使用されなくなった日の翌日」

□人を雇うときは「入社日は月初」「退職日は月末前日」にすると、保険料でトクする

□パートタイマーであっても、一定の条件を満たしていると、社会保険の被保険者となる

□「2か月以内」の期間を定めて有期雇用契約を結べば、社会保険の被保険者とされない

□雇用保険の被保険者となるのは、原則として、1週間の所定労働時間が20時間以上であり、かつ引き続き31日以上の雇用見込みがある人。だから、31日以上の雇用見込みがあっても、1週間の所定労働時間が20時間未満の場合は、雇用保険の被保険者にならない

□労災保険は、事業所が加入すれば、そこに在籍する全員が被保険者となるしくみ

□昼間部の学生は雇用保険の被保険者にならない。通信教育や夜間・定時制の学生は被保険

者になる

□労災保険と雇用保険の保険料は、賃金の全従業員分を合計した「賃金総額」に、それぞれの保険率を掛けたもの

□工場と事務部門などを置く事業所を別にすると、ムダな労災保険料を払わずに済むことがある

□家族を役員にするとき、「非常勤役員」とすれば、すべての社会保険をなしに、社会保険料の支払いもゼロにすることが可能

□雇用契約では決められた社会保険への加入義務があるが、業務委託契約ではいっさいの社会保険に加入させる義務はない

PART 4

労災保険・雇用保険の給付をモレなくもらおう

～助成金、給付金には、こんなものがある～

何のために保険料を支払っているかと言えば、従業員にもしもの事態が起きたときに、助けてもらうため。どんなときに、どんな給付があるのかを知っておかなければ、その権利を行使できません。しっかり押さえておきましょう。

1 会社を休んでも安心、こんな場合にもらえる給付

労災保険のおもな給付一覧

こんにちは。今日は、雇用保険の助成金についてのご相談でうかがいました。

先日、助成金をもらう話のときに、「もらえる給付をもらわないのはソンだ」って先生言ってたでしょ？　だから僕も来ちゃいました。

承知しました。助成金に関する事項についての指導も、私たちの仕事ですから。

私も労災保険に特別加入したので、労災の給付について知っておいたほうがいいかと。

労災保険でもっともポピュラーな給付といえば、「療養の給付」でしょう。仕事によるケガや病気、通勤途中のケガや病気などで療養が必要なとき、労災指定病院などで本人負担なしに、無料で治療が受けられます（※）。

ちなみに、社会保険の保険給付を「給付」と言って、「給付金」とまとめて言えないのは、

※ 通勤災害は、200円の一部負担金があります。

このような現物の給付があるためです（診察や治療は現物給付に当たります）。

ただし、**治療を受けたのが労災指定医療機関でなかった場合は、いったん費用を支払い、あとで相当額の支給を受ける「療養の費用の支給」もあります。**

また、仕事による病気やケガを「業務災害」と言い、業務災害の場合の呼び方が「療養補償給付」です。これに対して通勤途中のケガなどは「通勤災害」と言い、給付も「療養給付」という呼び方になります。

他の給付でも、「補償」が付くのは業務災害、付かないのは通勤災害の場合です。**「〇〇（補償）給付」とあった場合は、業務災害と通勤災害、両方の場合の給付を指す**と思ってください。

労災保険というと、この療養の給付だけだと思っている人が多いようですね。

えっ、ほかにも労災から出る給付があるんですか？

治療を受けたあとも会社を休まざるをえないとき、なかなか治らないとき、障害が残ったとき、そして万が一のときまで、至れり尽くせりの給付がありますよ。おもなものをまとめると、次ページのようになりますね。

おお！　こんなにたくさんの種類があるんですか。

労災保険のおもな給付一覧

※すべて業務災害または通勤災害による傷病・死亡が給付の対象

給付の種類		給付が受けられるとき
療養（補償）給付		傷病により療養するとき（労災指定医療機関などで治療を受けるとき＝療養の給付）
		傷病により療養するとき（労災指定医療機関など以外で治療を受けるとき＝療養の費用）
休業（補償）給付		傷病の療養のために働くことができず、賃金を得られないとき
障害（補償）給付	障害（補償）年金	傷病が治癒したあとに障害等級第１級から第７級の障害が残ったとき
	障害（補償）一時金	傷病が治癒したあとに障害等級第８級から第14級の障害が残ったとき
遺族（補償）給付	遺族（補償）年金	死亡したとき
	遺族（補償）一時金	①死亡して、遺族（補償）年金を受け取れる遺族がいないとき ②遺族（補償）年金を受給している人が失権したときなど
葬祭料・葬祭給付		死亡した人の葬儀を行うとき
傷病（補償）年金		療養開始後１年６か月を経過しても①傷病が治癒していない、かつ②傷病による障害が傷病等級に該当するとき
介護（補償）給付		障害（補償）年金または傷病（補償）年金受給者のうち、一定の要件を満たす人が現に介護を受けているとき
二次健康診断等給付		事業主が行った定期健康診断などで、一定の要件を満たしたとき

COLUMN

労働保険料は毎年「精算」されている？

労働保険料の申告と納付は健康保険などと違い、１年に１度まとめて行う方式です。計算と納付も、今年度分の賃金総額を見込みで計算して見込額を納付し、来年度に精算する方法をとります。

すなわち実際には、まず前年度に見込みで計算して申告・納付した「概算保険料」と、前年度に実際に支払われた賃金の「確定保険料」を精算し、同時に今年度の概算保険料を申告・納付するしくみです。

また、労働保険の申告・納付の際には同時に、石綿（アスベスト）健康被害の救済にあてる「一般拠出金」を申告・納付することになっています。拠出金率は、賃金総額の1000分の0.02です（令和６年度）。

② 仕事によるケガや病気でもらえる給付って？

「業務災害」とはどういうものか

それではまず、「療養（補償）給付」の内容からいきましょう。

これって、ホントに無料になるんですか？

はい。労災指定医療機関なら一度、書類を提出すれば、そのケガや病気についてはずっと窓口での負担なしに治療が受けられます。

そ、そうなんですか！　知らなかった……。

労災保険の「療養（補償）給付」は、労災病院や労災指定医療機関で必要な療養が受けられる給付です。一度、「療養（の補償）給付たる療養の給付請求書」を提出すれば、そのケガや病気についてはずっと給付が受けられます。

請求書の提出は病院などの窓口に出せばＯＫで、最終的には管轄の労働基準監督署に届

くしくみです。ですから労災保険を使う場合は、労災指定医療機関などで受診するほうが後々の手続きが簡単になります。

もっとも、労災指定のない病院などで受診せざるをえない場合は、必要な療養の費用の支給を受けることができます。いったん治療費を自費で払い、あとで療養の費用請求書を労働基準監督署に提出すると、治療費の分が振り込まれるという給付です。

労働災害の場合は、健康保険を使ってはいけません。

病気で倒れるなら、家で倒れるより、通勤途中か会社で倒れたほうがトクだと。

物事を損得で考えるのは、ビジネスマンとしては立派だけど、佐藤さんは度を過ぎてますねぇ。だいたいそれだと、おそらく労災保険が使えませんよ。

えっ、どうしてですか？

たぶん「業務上の疾病」にあてはまらないからです。

労災の認定はなかなか厳しいんだぞ。裁判なんかでもよく話題になるだろう。

労災保険でいう「災害」は、仕事によるケガや病気＝「業務災害」と、通勤による「通勤災害」に分けられます。

業務上の疾病と認められる３つの要件

1
労働の場に、有害な化学物質、身体に過度の負担がかかる作業、病原体などの有害因子が存在していること。

2
その有害因子が、健康障害を起こしうるほどの量、期間さらされたこと。

3
発症の経過および病態が医学的に見て妥当であること。

このうち業務災害には、**会社の仕事（業務）を原因として負ったケガ（負傷）、病気（疾病）、または死亡**があり、業務と、ケガ・病気・死亡との間に一定の因果関係があるときに「業務上の○○」と呼びます。

つまり、業務（会社の仕事）と因果関係がある「業務上の負傷・疾病・死亡」でないと業務災害とならず、労災保険給付の対象にならないわけです。

ですから、たとえ倒れたのが会社でも、業務と因果関係がない病気は労災保険給付の対象になりません。逆に、倒れたのが家や通勤途中でも、業務と因果関係がある病気であれば業務災害になります。

上図の３つの要件が満たされる場合には、原則として業務上の疾病と認められることになっています。

ただ病気になって、会社で倒れるだけじゃダメなんだ。

デザインの仕事で何か有害物質を扱ってるとか、社長が月に百何十時間も残業をさせたとかいうなら、別ですけどね。

普通の業務をしていて、キミが退社後に酒を飲んでばかりいてだな……その結果、胃潰瘍かなんかで会社で倒れても、いかんのだよ。

最近はブラック企業が問題になりやすいでしょ。信じられない激務だとすれば、その結果の病気は労災になることが多いですけど、会社がゴネると裁判までいきますね。

ケガの場合はどうです？　やっぱり仕事と因果関係がないとダメですか？

業務上の負傷の場合のポイントは、会社の支配・管理下にあったかどうかと、業務に従事していたかですね。

まず、所定労働時間内や残業時間中に職場で仕事をしているなど、事業主（会社）の支配・管理下で業務に従事している場合のケガは、特別の事情がない限り業務災害と認められます。ただし、就業中の職場でも、**私用で仕事以外のことをしていたり、本来の業務を逸脱する勝手な行動をしてケガをした場合は認められません。**

要するにたとえば、佐藤さんが仕事をサボって競馬かなんかに行ったりとか、仕事以外のことをしていてケガをしたのならダメなわけです。

ホラ見ろ。

じゃあ、健康じゃないと仕事はできないから、昼休みにジョギングしていて転んで骨折ったりした場合は？　これならＯＫでしょ？

まずダメですね。健康が仕事に重要なのはあたりまえ。申し訳ないけど、それは屁理屈に近いですね。

へ……屁理屈ですか！

昼休みや就業時間前後に職場にいて仕事をしていないなど、事業主の支配・管理下にあるが、業務に従事していない場合のケガは、業務に従事していないわけですから、業務災害とは認められません。

ただし、**職場の設備や、その管理が悪くてケガをした場合は業務災害**になります。トイレも業務に付随する行為とされるので、もしその時間中にケガを負ったら業務災害です。

また、出張中や、仕事上の外出中に職場以外で仕事をしているなど、事業主の支配下にあるが管理下にはなく、業務に従事しているという場合は、特別な事情がない限り業務災害と認められます。

3 通勤途中のケガや病気でもらえる給付は？

「通勤災害」とはどういうものか

仕事中のトイレはいいけど、昼休みは業務災害にならないんだ。だったら、トイレはできるだけ仕事中に行くことにして、昼休みは……。

ほっといて、次いきましょう。

……はい。次は通勤災害の場合です。

通勤災害は、通勤によって負ったケガ、かかった病気、そのケガ・病気による死亡のことです。通勤による病気とは何のことかと思うかもしれませんが、交通事故で慢性硬膜下出血になった場合とか、タンクローリーが転倒して有害物質が流れ出し、急性中毒にかかった場合などが、通勤による疾病とされます。

法律で、通勤災害の「通勤」とされるのは次の3つに当てはまる移動です。

・「住居」と「就業の場所」との間の往復
・「就業の場所」から他の「就業の場所」への移動
・単身赴任先「住居」と帰省先「住居」との間の移動

これら3つの移動を、「就業に関し」「合理的な経路および方法」で行うことが「通勤」とされています。ただし、「業務の性質を有するもの」は除き、さらに「移動の経路を逸脱し、または中断した場合」は、逸脱・中断の間とその後の移動は「通勤」とならないというのが定めです。

 何のことか、よくわかりませんなあ。

 だから法律ってイヤなんだよなあ。

 それをわかりやすく伝えるのが、私たちの仕事でもあるんです。ともあれ、これらが、法律で定める通勤の要件なんですね。これらの要件を満たさないと通勤災害と認められないので、1つずつ見ていきましょう。

まず、**「就業に関し」というのは、移動が業務と密接な関係を持っていることを指しま**

す。たとえいつもの通勤経路でも、出勤日でない日に電車に乗って、災害にあっても通勤とは認められません。

ただし、たまたま遅刻したり、ラッシュを避けるために早出するなど、ある程度の時間的前後は認められます。単身赴任の場合で、帰省先住居からの移動が通勤と認められるのは、原則として出勤日の前日から出勤日の翌日までの間の移動です。

ところで、その**「住居」とは、就業のための拠点になるところ**とされています。ですから、自宅が遠いためにアパートを借りて、平日はそこから通勤している場合などは、そのアパートが住居です。早朝の仕事のためにホテルに泊まった場合などは、ホテルがその日の住居になります。

住居から通勤する「就業の場所」は、業務を開始・終了する場所のことです。通常は、会社や工場などになるでしょう。ただし、ルートセールスの営業マンが訪問先に直行・直帰している場合などは、最初の訪問先から最後の訪問先までが就業の場所になります。

また、「就業の場所」から他の「就業の場所」への移動とは、例えばダブルワークをしているなど2か所以上で働いている人が、1つ目の「就業の場所」での勤務が終了した後に、2つ目の「就業の場所」へ向かうときの移動をいいます。

これらの**就業の場所と住居の間の「合理的な経路および方法」とは、一般的に用いられている経路・方法と考えて差しつかえありません。**JRでも地下鉄でも行けるなど2つ以上の経路があるときは、どちらも合理的な経路と認められます。

当日が列車事故で別の路線を使った、マイカー通勤で近くの駐車場にとめてから歩いて通勤するなど、やむを得ずに通る経路も合理的な経路のうちです。ただし、理由もなくわざわざ遠回りすると、合理的な経路になりません。

交通手段については、通常用いられる電車・バス・自動車・自転車・徒歩などであれば、「合理的な方法」と認められます。

通勤災害って、なんか面倒くさいですね。

まあ、普通にやってれば「通勤」と認められないことは、あまりありません。それより、通勤から除くとされているほうが重要です。たとえば田中社長は、ときどき休日に緊急事態で呼び出されたりしませんか？

たまに、印刷トラブルで休日に呼び出されたりしますね。

佐藤さんは、会社の帰りに映画を見たり、ちょっと飲んで帰ったりするでしょ？

それくらいは、しますけど……。

そうすると、通勤でなくなったり、通勤の範囲が短くなったりするんですよ。

逸脱・中断があったときの通勤の範囲の例

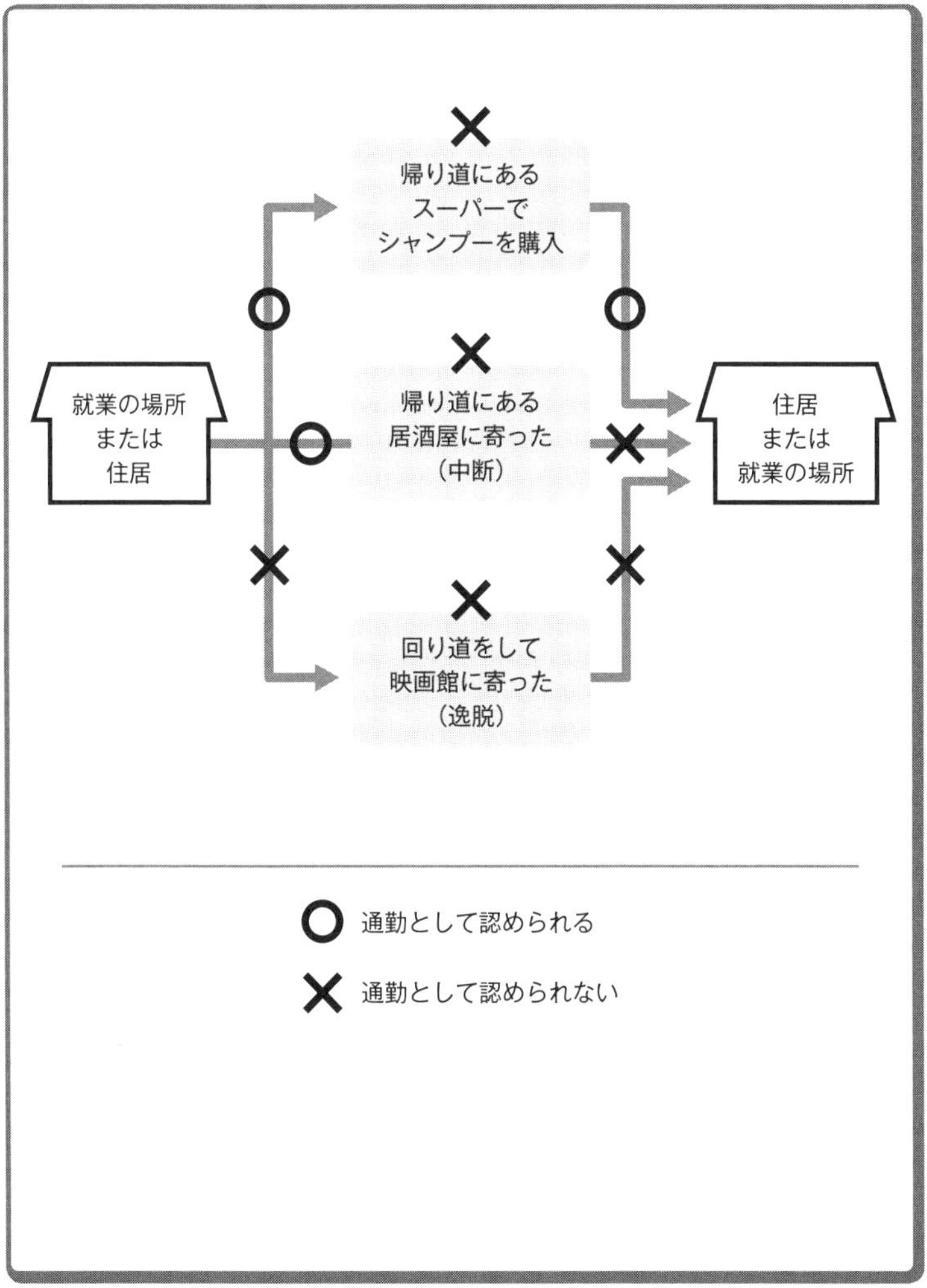

※１　逸脱・中断の例外…法令に定められた行為は５つで、概略は次のとおり。①日用品の購入など、②特定の職業訓練、教育訓練など、③選挙権の行使など、④病院などで診察や治療を受けることなど、⑤特定の親族の介護。

「業務の性質を有するもの」は、通勤から除くとされています。
具体的には、会社が通勤用のバスを用意し、従業員がそれで出退勤している場合、あるいは緊急の用件で休日に呼び出しを受けて出勤する場合などです。これらの場合は、通勤災害になりません。業務の性質を有するので、業務災害です。
また、会社の帰りに映画館に寄ったり、居酒屋でお酒を飲んだりすると、「往復の経路を逸脱し、または中断した場合」にあたります。逸脱とは、就業や通勤と関係のない目的で合理的な経路をそれること。中断とは、通勤経路上で通勤と関係ないことをすることです。通勤の途中で逸脱や中断があると、その後は原則として通勤でなくなります。

飲み屋に寄ると、その後は通勤でなくなるのか。家にはまっすぐ帰りましょう、みたいな感じですねえ。でも、帰りに深夜営業のスーパーで、切らしたシャンプーを買うくらいなら大丈夫ですよね？

逸脱・中断しても、その後が通勤になる例外があります。わざわざ「逸脱・中断の例外」として法令で定められているんですよ（前ページ※1）。

私はクルマで通勤しているんだが、交通事故でも通勤災害になるのかね？

要件を満たしていれば通勤災害になります。交通事故でも（※2）。

※２　交通事故の労災保険適用…自動車事故の場合は、自賠責保険の保険料と二重の給付にならないよう支給の調整が行なわれる。ただし、相手の責任による交通事故などでは「第三者行為災害」として届出等が必要。

4 会社を休んでも給付金がもらえる？

「給付基礎日額」とは

業務災害や通勤災害で会社を休むと、労災保険から休業（補償）給付があります。

へえ、どのくらいもらえるんですか？

「給付基礎日額」の60％です。

……また新しい用語が出てきた。労災保険は面倒くさいなあ。

ほかの労災保険給付も、給付基礎日額で給付の額を決めるものが多いから、覚えておきましょう。休業（補償）給付と同時にもらえる休業特別支給金も、給付基礎日額の20％という計算ですよ。

え、ほかにももらえるんですか？　だったら覚えておくか。

業務災害や通勤災害で会社を休んだ場合、「休業（補償）給付」が支給されることがあります。要件は、①業務災害・通勤災害による療養のために、②労働することができず、③そのために会社から賃金が支払われない、という3つです。

支給は4日めから行われ、支給額は次のようになっています。

休業（補償）給付＝給付基礎日額の60％×休業日数

同時に、休業（補償）給付の上乗せとして、「休業特別支給金」が支給されます。

休業特別支給金＝給付基礎日額の20％×休業日数

合計で、給付基礎日額の80％を受け取ることができるわけです。

この休業（補償）給付は、所定労働時間の一部を休んだ場合にも支給されます。たとえば、**通院のために1日4時間しか出勤できなかったとすると、給付基礎日額から出勤した4時間分の賃金額を差し引き、残りの60％に当たる額が支給額**です。

会社を休んだ1日めから3日めは待期期間となっていますが、この期間は、業務災害であれば、会社が1日につき平均賃金（給付基礎日額と同じ）の60％の休業補償を行うことが、法律に定められています。

なお、通勤災害により療養給付を受けている場合は、一部負担金として200円を負担しなければなりません。この200円は、休業給付の初回から差し引かれます。

休業（補償）給付の支給額

休業（補償）給付	休業特別支給金
給付基礎日額の 60% × 休業日数	給付基礎日額の 20% × 休業日数

支給請求書は所轄の労働基準監督署に提出しますが、休業が長期にわたるときは1か月ごとに請求するのが一般的です。

給付基礎日額ってのがわからないと、もらえる額がわかりませんね。

そうでしょ？　でも、計算はそんなにむずかしくありませんよ。

給付基礎日額は、ひと言でいうと、直前3か月間の賃金の総額を暦日数で割ったものです。災害が発生した日、または、病気の場合は医師の診断で病気が発生したとされた日を基準にして、直前3か月の賃金を計算します。ただし、賃金の締切日が決まっている場合は、直前の締切日の前3か月間の賃金が計算対象です。

その3か月間の、ボーナスや臨時に支払われたものを除く、賃金の総額を計算して、その期間の休日などを含む暦日数で割ります。この1日当たりの賃金額が、給付基礎日額です。ボーナスや臨時的な賃金は除くこと、労働日数ではなく暦の上の日数で割ることに注意してください。

この日額が、労災保険の給付の基礎になる、と覚えておけばいいのです。

なお、近年では、多様な働き方を選択する方や、パートなどを掛け持ちして複数の会社で働く方が増えてきており、これまでは労働災害が発生した会社での賃金額のみを基礎として給付基礎日額が算定されていましたが、2020年9月の改正により、複数の会社で働いている場合については、その就業先すべての賃金額を合算した額を基礎として給付基礎日額が算定されます。

給付基礎日額は、賃金水準が一定の幅を超えて増減した場合、変動率に応じて増減されます。つまり、賃金水準にスライドするわけです。

また、療養を開始して1年6か月を過ぎた場合は、年齢階層別に決められた最低限度額・最高限度額が適用されます。これを「休業給付基礎日額」と言います。さらに、給付が年金の場合には毎年、前年度と比較した賃金水準の変動率に応じてスライドします。年齢階層別の最低・最高限度額の適用も同様です。これを「年金給付基礎日額」と言います。

5 仕事探しでもらえる給付って？

交通費から失業保険まで、雇用保険のおもな給付一覧

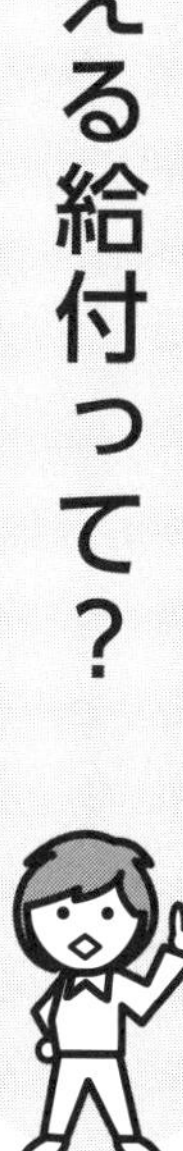

社員の労災保険のことを熱心に聞いてる社長がいる会社って、何だか先行き不安だなあ……。

参考までに聞いただけだ。

僕も将来のことちゃんと考えなきゃ。でも、職探しするのもたいへんだし。

大丈夫。会社員が失業したら、雇用保険からさまざまな給付があります。

ちょっと、松島先生まで……。

雇用保険は、労働者が失業して生活の糧を得る方法を失ったときに、生活と雇用の安定、就職の促進のために「失業等給付」が支給される保険です。

失業等給付の内容は次ページの表のようになっています。大きく分けて、職を求める人

雇用保険（失業等給付）のおもな給付一覧

給付の種類				給付が受けられる場合
求職者給付	一般被保険者	基本手当		求職の申込みを行っても、失業の状態にある場合
		技能習得手当	受講手当	指示された公共職業訓練等を受ける場合
			通所手当	公共職業訓練等のために交通機関等を利用する場合
		寄宿手当		公共職業訓練等を受けるために寄宿する場合
		傷病手当		疾病・負傷のために職業に就くことができない場合
	高年齢被保険者		高年齢求職者給付金	65歳以上の高年齢被保険者が失業した場合
	短期雇用特例被保険者		特例一時金	短期雇用特例被保険者が受給資格の決定を受けた場合
	日雇労働被保険者		日雇労働求職者給付金	日雇労働者が失業した場合
就職促進給付	就業促進手当		再就職手当	基本手当の受給資格がある人が職業に就いた場合
			就業促進定着手当	給与が離職前より低下している場合
			就業手当	常用雇用等以外の形態で就職した場合
			常用就職支度手当	就職が困難な人が安定した職業についた場合
	移転費			就職などのために住所などを変更する必要がある場合
	求職活動支援費		広域求職活動費	広範囲の地域にわたる求職活動をする場合
			短期訓練受講費	受講指導を受け、短期の教育訓練を受講した場合
			求職活動関係役務利用費	面接等のために子の保育サービス等を利用した場合
教育訓練給付	一般教育訓練給付			雇用の安定、就職促進に資する教育訓練を受講し修了した場合
	特定一般教育訓練給付			速やかな再就職及び早期のキャリア形成に資する教育訓練を受講し修了した場合
	専門実践教育訓練給付		専門実践教育訓練給付金	中長期的キャリア形成に資する教育訓練を受講し修了した場合
			教育訓練支援給付金	専門実践教育訓練の受講開始時に45歳未満など一定の要件を満たした場合
雇用継続給付			高年齢雇用継続給付	60歳以降の賃金が75%未満に低下した場合
			育児休業給付	子を養育するために育児休業を取得した場合
			介護休業給付	家族を介護するために介護休業を取得した場合

のための「求職者給付」、就職の促進のための「就職促進給付」、労働者が職業に関する教育訓練を受けた場合の「教育訓練給付」、雇用の継続が困難になる事態が生じた場合の「雇用継続給付」の4種類があります。

スゴい量！　でも、とても覚えられませんね……。

いろんな給付があるので、ハローワークに行って聞くのが一番です。

なお、雇用保険では失業等給付のほかに、失業の予防、雇用状態の改善、雇用機会の増大、労働者の能力開発などを図る事業があります。具体的には「雇用安定事業」と「能力開発事業」の2つがあり、「雇用保険2事業」と呼ばれているものです（※）。

※ 雇用保険２事業…「雇用安定事業」「能力開発事業」として、求職者への就労支援・教育訓練、事業主への助成・支援が行われる。雇用保険２事業の保険料は全額事業主負担のため、雇用保険の保険料は労使折半でない。

⑥「失業保険」っていくらもらえるの？

「基本手当日額」とは

まず、「失業保険」って、どれくらいもらえるんですか？

こら、いきなり失業保険か。

田中社長はムッとすると思いますが、働く身としては知っておきたいことですからね。「失業保険」というのは、正しくは雇用保険の「基本手当」と言います。

雇用保険の「基本手当」は、被保険者が離職したときに支給されます。基本手当には、「所定給付日数」が決まっていて、その日数は、離職した理由や離職した日の年齢、雇用保険の被保険者であった期間によって、90日から360日の間です。

とくに、会社の倒産や会社都合による解雇など、失業に対する時間的余裕もなく離職せざるをえなかった人は「特定受給資格者」といい、給付日数が一般より長くなります。事業所の移転で通勤できなくなって退職した場合や、賃金が未払いになった場合も特定受給資格者です。

また、**契約社員など、期間の定めのある労働契約が更新されずに離職した場合などは「特定理由離職者」と言って、やはり給付日数が長くなります。**体力の不足や病気・ケガなど、正当な理由がある自己都合で離職した場合も、特定理由離職者です。

なお、ハローワークで職業相談をすると、職業訓練の受講などを指示されることがありますが、その場合は訓練が修了するまで基本手当が支給されます。

失業保険は給付日数が決まってるって、聞いたことがありますね。

そう。さっき説明したことと、151ページの図を見てください。かなり幅があるでしょ。

ところでここの図の真ん中に、「正当な理由のない自己都合」とありますけど、正当な理由のある自己都合ってあるんですか。

あれ、梅田先生。外出先からお戻りになってたんですか？

ええ。またお2人が来てらっしゃるので覗いてみたら、辞める辞めないの話になっていたのでね……はは。

勉強熱心なだけですよ。はは。

「正当な理由のある自己都合」とは、たとえば転勤を言い渡されて、遠くて片道2時間かかるから辞めます、というような場合です。ほとんど会社からの追い出しのようですが、実際に、あり得ることです。給付日数について、もう少し説明しましょう。

昔はもっと支給されていたような。いや私はね、30年ほど前に一度会社を辞めて、そのあといろいろあって今の会社をつくったんだけど、30年前は退職して1か月後ぐらいから6か月間、支給されましたよ。金額もかなり多かった。

当時は、退職前6か月の、「賞与も含む収入」の80%ぐらい出たかもしれない。

ウソでしょ！　こないだボクの友人が会社を辞めてハローワークに手続きに行ったら、支給までに2か月かかると言われたそうですよ。しかも、支給額の計算には賞与は含まれなかったとかで、えらく少額。かなり焦ったそうです。

昔と今ではだいぶ違っているのは事実ですね。ちなみに、支給されるまでの期間は今までは3か月かかっていたんですよ。それが令和2年10月の改正で、5年間のうち2回までなら「2か月」に短縮されたんです。さらに、令和7年4月以降は「1か月」に短縮されます。

でも、やっぱり自己都合で会社を辞めると、すぐに失業給付はもらえないんですね。社

基本手当の給付日数

●倒産、解雇、正当な理由のある自己都合などの場合

（特定受給資格者、特定理由離職者）

<table>
<tr><th>被保険者期間
区分</th><th>1年未満</th><th>1年以上
5年未満</th><th>5年以上
10年未満</th><th>10年以上
20年未満</th><th>20年以上</th></tr>
<tr><td>30歳未満</td><td rowspan="5">90日</td><td>90日</td><td>120日</td><td>180日</td><td>－</td></tr>
<tr><td>30歳以上
35歳未満</td><td>120日</td><td rowspan="2">180日</td><td>210日</td><td>240日</td></tr>
<tr><td>35歳以上
45歳未満</td><td>150日</td><td>240日</td><td>270日</td></tr>
<tr><td>45歳以上
60歳未満</td><td>180日</td><td>240日</td><td>270日</td><td>330日</td></tr>
<tr><td>60歳以上
65歳未満</td><td>150日</td><td>180日</td><td>210日</td><td>240日</td></tr>
</table>

●正当な理由のない自己都合の場合

（特定受給資格者、特定理由離職者、就職困難者以外）

<table>
<tr><td>全年齢</td><td>－</td><td colspan="2">90日</td><td>120日</td><td>150日</td></tr>
</table>

●障害者などの場合

（就職困難者）

<table>
<tr><td>45歳未満</td><td rowspan="2">150日</td><td colspan="4">300日</td></tr>
<tr><td>45歳以上
65歳未満</td><td colspan="4">360日</td></tr>
</table>

長、ボクが辞めるときは会社都合でクビにしてください。

お望みなら今すぐクビにしてやるぞ。

……まあまあ。いずれにしても雇用保険の環境というか支給条件は、私たちの置かれている経済情勢や雇用状況なども反映されて、改正も多く、複雑なんです。

基本手当として支給される1日当たりの金額を「基本手当日額」と言います。

基本手当日額は、「賃金日額」に一定の率を掛けて算出される金額です。賃金日額は、離職した日の直前6か月間に毎月支払われた賃金の合計を180で割って算出します。

この場合、賃金に含まれるのは「賃金、給料、手当その他名称のいかんを問わず」とされているので、社会保険の報酬や労災保険の賃金とほとんど同じです。ただし、**賞与など臨時に支払われる賃金、3か月を超える期間ごとに支払われる賃金は含みません。**

で……この、**6か月間の賃金の合計を180で割った金額が賃金日額で、それにおよそ50%から80%の率を掛けた金額が基本手当日額**になるわけです。掛ける率は、賃金が低いほど高い率になります。また、60歳から64歳では45%から80%が掛ける率です。

なお、基本手当日額には年齢区分ごとに上限額が定められています。たとえば、30歳未満の場合の上限額は6945円です（令和6年4月1日現在）。

1日当たりの賃金の50％から80％が基本手当日額、ですか。ずいぶん幅がありますね。
これは要するに、年齢などによって違うわけだ。

ただ先ほど佐藤さんも言っていたように、辞めた日からは受給できません。

基本手当の支給を受けるには、ハローワークに行って求職の申込みを行い、就職しようとする積極的な意思を示す必要があります。いつでも就職できる能力があり、本人やハローワークが就職の努力をしているのに「失業の状態」にある場合に、基本手当が受給できるわけです。ですから、**指定された「認定日」にハローワークに行って「失業認定申告書」を提出し、求職活動をしている実績と、失業の状態を認定してもらわなければなりません。**普通は4週間おきです。

また、基本手当には7日間の「待期期間」があり、さらに正当な理由がない自己都合による退職では令和2年10月以降の離職で、5年間のうち2回までなら2か月間、3回以上だと3か月間の「給付制限」があります。その場合は、給付制限後の認定日にハローワークで失業の認定を受けた日の分から基本手当の支給が始まります。

7日間の待期期間と2か月間の給付制限、それから認定日……うわ、やっぱり2か月以上かかるんだ。

こちらからクビにすれば給付制限はないんだろ？　だったら今すぐ……。

ちょ、ちょっと社長。さっきのナシ！

「月に1度はハローワークに行って、こういう就職活動をしましたけど、だめでした」ということにならないと、支給されません。佐藤さんはデザイン関係の仕事を探すのでしょうが、ハローワークにはデザイン関係の求人そのものがあまりない。だから、新聞広告を見て履歴書を出しましたとか、ちゃんと言わないといけません。

ハローワークの面接官が厳しかったら、デザイナーにこだわらずに他の職種でも探しなさい、と言われるかもしれませんね。

はい。実際そういうことはありますね。

基本手当の受給期間は、原則として、離職した日の翌日から1年間ですが、その間に病気やけが、妊娠、出産、育児などの理由により引き続き30日以上働くことができなくなったときは、その働くことのできなくなった日数だけ、受給期間を延長することができます。ただし、延長できる期間は最長で3年間になります。

また、離職の日以前2年間に、被保険者であった期間が通算して12か月以上あることも支給の要件になっています。特定受給資格者と特定理由離職者については、離職の日以前1年間に、被保険者であった期間が通算して6か月以上あればＯＫです。

7 育児休業・介護休業でも給付金がもらえます

「雇用継続給付」のいろいろ

雇用保険には、いま雇用されている人の雇用継続がむずかしくなったときに支給される給付もあります。「高年齢雇用継続給付」と「育児休業給付」「介護休業給付」の3つ。第1の「高年齢雇用継続給付」は、60歳以上65歳未満の被保険者について、60歳以降の賃金が75％未満に下がった場合に支給されます（※）。

育児休業給付としては**「育児休業給付金」の制度**があります。原則として1歳未満の子（※1）を養育するために、育児休業を取得した場合に受給できるものです。

支給要件としては、**休業開始前の2年間（※2）に賃金支払基礎日数11日（※3）以上の月が12か月以上あること**、育児休業期間中の各1か月ごとに休業前の8割以上の賃金が支払われていないこと、などのほか、休業期間中に就業している日数・時間・休日についての細かい定めがあります。

※高年齢雇用継続給付…被保険者であった期間が5年以上あることが要件。支給期間は原則として、高年齢雇用継続基本給付金の場合で60歳に達した月から65歳に達する月まで。支給額については次ページ表を参照。

☰ いろいろな雇用継続給付の支給額

高年齢雇用継続給付	
高年齢雇用継続基本給付金	高年齢再就職給付金
・60歳以上65歳未満の各月の賃金が60歳時点の賃金の61%以下に低下した場合：各月の賃金の15%相当額 ・60歳以上65歳未満の各月の賃金が60歳時点の賃金の61%超75%未満に低下した場合：低下率に応じて各月の賃金の15%未満の額（各月の賃金が36万584円を超える場合は支給されない）	
育児休業給付	
支給対象期間（1か月）当たり、原則として下記の通り 【休業開始時賃金日額×支給日数の67%相当額】 （育児休業の開始から6か月経過後は50%相当額）	
介護休業給付	
支給対象期間（1か月）当たり、原則として下記の通り 【休業開始時賃金日額×支給日数の67%相当額】	

支給額は、支給対象期間1か月当たり、原則として休業開始時賃金日額に支給日数の67%（6か月経過後は50%）を掛けた相当額となっていますが、支給日数・賃金日額にも細かい定めがあります。

また、支給対象期間中の賃金と計算された支給額の合計が一定額を超えると、支給額が減額される決まりです。

支給申請は、育児休業開始から原則2か月経ってから行います。ただし、本人が希望する場合は、1か月ごとの申請も可能です。

ボクも将来はイクメンになるんだ。育児休業って男性は関係ないの？

育児休業は女性だけのものではなく、男性も取得することができますよ。育児休業給付金の支給要件・支給条件も一緒で

※1　例外的な措置として、1歳になる時点で保育所などに入所できない等、雇用の継続のために特に必要と認められる場合に限り、1歳6か月まで（再延長2歳まで）延長が可

※2　休業開始日前2年間で要件を満たせない場合は、産休開始日前2年間でも可

※3　賃金支払基礎日数が11日以上とれない場合は、月の労働時間が80時間以上であれば可

す。男性の育児参加を後押しする法改正も順次行われていますので、紹介しますね。

「パパママ育休プラス制度」

共働きで両親ともに育児休業を取得する場合に利用できます。例えばママが産休後、そのまま育休を取得して、子供が1歳の誕生日の前日に仕事に復帰する場合、育休終了するママと入れ替わるようにして、今度はパパが1歳2か月になるまで育児休業を取得することが出来ます。育児休業は原則として子供が1歳の誕生日の前日までなので、2か月プラスでもらえるようになるわけです。他にも、パパとママが育児休業を同時に取得するなど、働き方や保育園事情に合わせて柔軟に対応することが可能です。

「産後パパ育休制度」

産後パパ育休は、子の出生8週間後からの育休とは別枠で、子の出生後8週間以内に最長で4週間、2回に分割して育休を取得することが出来る制度です。育休の申し出は2週間前まででよく、労使協定を締結することで個別合意により、育休中に働くことも可能です。子の出生8週間後からの育児休業では、原則として就業は不可なため、本格的な育児休業に入る前の引継ぎ期間としてなど、取得しやすくなっています。

それから、育児休業を取得しやすい雇用環境の整備や妊娠・出産の申し出をした労働者に対する「個別の周知・意向確認」、「育児休業の分割取得」、「育児休業の取得状況の公表」などもあります。

令和7年4月から、両親ともに育児休業を取得した場合に「出生後休業支援給付金」(※1)、育児のため短時間勤務をした場合に「育児時短就業給付金」(※2)を受給できます。

※1　出生後休業支援給付金…男性は子の出生後8週間以内、女性は産後休業後8週間以内に、本人と配偶者の両方が14日以上の育児休業等を取った場合に最大28日間まで休業開始時賃金日額の13％相当額が支給されます。育児休業給付金（67％）とあわせて、給付率は80％になります。

こういうことを僕が知っておけば産休、育休に入る人にアドバイスできますね。

お、たまにはいいこと言うね。

自覚が出てきたのかな。

なお、産前産後期間中と育児休業期間中は健康保険料と厚生年金保険料の本人負担と事業主負担の免除が受けられます。

免除の対象となる期間は、それぞれ休業を開始した日の属する月から休業を終了した日の翌日が属する月の前月まで（ただし育児休業中の保険料免除は、子が3歳に達するまで）です。

なお、令和4年10月からは免除要件が少し変わりました。今までは月末のたとえ1日だけであっても育児休業を取得していれば、1か月分の社会保険料および賞与の支給があれば、その賞与に対する社会保険料も免除となっていました。

令和4年10月からは、毎月の社会保険料については月末時点で育児休業等を取得していることに加えて、同月内に2週間以上（暦日でカウントし、分割も可）の育児休業等を取得していれば免除されることになりました。賞与の社会保険料については、厳格化され、月末かつ連続1か月を超えて育児休業等を取得していなければ免除されないこととなりま

※2　育児時短就業給付金…2歳未満の子を養育するために短時間勤務をしている期間中、支払われた賃金額の最大10%が支給されます。

した。

免除を受けても、健康保険の給付は通常どおり受けられます。また、厚生年金についても、納付されたものとみなされます。

なお、雇用継続給付には「介護休業給付金」の制度もあります。家族を介護するための休業をした場合の給付で、支給の要件は育児休業給付の要件とほとんど同じです（※）。ただし、介護休業中は社会保険料の免除はありませんので注意が必要です。

ところで話が前後するかもしれないけど、育休の給付があるなら産休の給付もあるんでしょ？

あります。ただしややこしいですが、こっちは健康保険の給付です。

出産のときには、健康保険から2つの給付があります。「出産育児一時金」と「出産手当金」の2つです。

「出産育児一時金」は、出産に際して50万円が支給されます（特定の医療機関で出産した場合は48・8万円）。この金額は1人についてなので、双子の場合は2倍です。

※ 介護休業給付金…介護の対象は、一定の状態にある配偶者・父母・子、祖父母・兄弟姉妹・孫。支給額は、支給対象期間1か月ごとに、原則として休業開始時賃金日額に支給日数の67％を掛けた額。

一方「出産手当金」のほうは、出産のために会社を休み、報酬を受けられないか、受けられてもその額が出産手当金より少ないときに支給されます。支給額は傷病手当金（→213ページ）と同じく、会社を休んだ1日につき「手当金の支給を始める日以前12か月間の標準報酬月額の平均額の30分の1、の3分の2」。ややこしい計算式ですが……。会社から報酬を受けると、支給額が調整される点も同じです。

少子化の進む日本では、育児と仕事の両立を推進していくことは非常に重要です。ちょっと難しいですけど制度を理解し、社員にどんどん利用してもらえるよう周知していってくださいね！

ひょえ～！　日本の未来のためにガンバリマース…

8 社員だけじゃない。会社ももらえる助成金

雇用関係のおもな助成金一覧

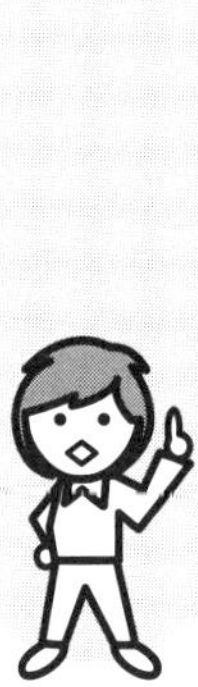

さて、これが雇用関係助成金の一覧です（次ページ図）。

うわあ、こんなにあるんだ。スゲー！

これ、実際のところ、全部使えるのかね。

身もフタもないですが、半分は使えないですね。役所の人もよく知らなかったりします。今年はこの助成金申請1件もナシでした、とかいうことがあります。

どうせ、予算だけ付いているんでしょ。

1度も日の目を見ずに終了という助成金もあったりするんですよね……。

雇用関係の助成金は、雇用の安定、職場環境の改善、仕事と家庭の両立、従業員の能力向上などを目的に、雇用保険の一部を財源に支給されます。対象となるのは、次の3つの

事業主の方のための雇用関係助成金（令和６年度）

従業員の雇用維持を図る	雇用調整助成金、産業雇用安定助成金
離職者の円滑な労働移動を図る	早期再就職支援等助成金（再就職支援コース、雇入れ支援コース、中途採用拡大コース、ＵＩＪターンコース）
従業員を新たに雇い入れる	特定求職者雇用開発助成金（特定就職困難者コース、発達障害者・難治性疾患患者雇用開発コース、就職氷河期世代安定雇用実現コース、生活保護受給者等雇用開発コース、成長分野等人材確保・育成コース）、トライアル雇用助成金（一般トライアルコース、障害者トライアルコース、障害者短時間トライアルコース、若年・女性建設労働者トライアルコース）、地域雇用開発助成金（地域雇用開発コース、沖縄若年者雇用促進コース）、産業雇用安定助成金（産業連携人材確保等支援コース）
障害者が働き続けられるように支援する	障害者作業施設設置等助成金 、障害者福祉施設設置等助成金、障害者介助等助成金 、職場適応援助者助成金、重度障害者等通勤対策助成金、重度障害者多数雇用事業所施設設置等助成金、障害者雇用相談援助助成金
雇用環境の整備を図る	人材確保等支援助成金（雇用管理制度助成コース、中小企業団体助成コース、人事評価改善等助成コース、テレワークコース、建設キャリアアップシステム等普及促進コース、若年者及び女性に魅力ある職場づくり事業コース（建設分野）、作業員宿舎等設置助成コース（建設分野）、外国人労働者就労環境整備助成コース）、通年雇用助成金
65歳超の雇用を推進する	65歳超雇用推進助成金（65歳超継続雇用促進コース、高年齢者評価制度等雇用管理改善コース、高年齢者無期雇用転換コース）、高年齢労働者処遇改善促進助成金
仕事と家庭の両立に取り組む	両立支援等助成金（出生時両立支援コース（子育てパパ支援助成金）、介護離職防止支援コース、育児休業等支援コース、育児休業中業務代替支援コース、柔軟な働き方選択制度等支援コース、事業所内保育施設コース、不妊治療両立支援コース）
キャリアアップ・人材育成関係	キャリアアップ助成金（正社員化コース、障害者正社員化コース、賃金規定等改定コース、賃金規定等共通化コース、賞与・退職金制度導入コース、社会保険適用時処遇改善コース）、人材開発支援助成金（人材育成支援コース、教育訓練休暇等付与コース、建設労働者認定訓練コース、建設労働者技能実習コース、人への投資促進コース、事業展開等リスキリング支援コース）、障害者能力開発助成金、職場適応訓練費

要件を満たす事業主です。

①雇用保険適用事業所の事業主であること
②支給のための審査に協力すること（書類の整備・保管・提出、実地調査の受入れなど）
③申請期間内に申請を行うこと

逆に、不正受給をしてから5年以内に申請した事業主や、前年度より前の年度で労働保険料を納めていない事業主、申請の前1年間に労働関係法令の違反があった事業主などは、助成金を受給できません。

それらの基本的な要件を満たして、過去の不正受給などがなく、各助成金ごとの要件も満たせば、ほとんどの場合で受給することができます。

問い合わせ窓口は、基本的に都道府県の労働局です。ハローワークでも受け付ける場合がありますが、65歳超雇用推進助成金、障害者雇用納付金制度に基づく助成金および障害者能力開発助成金は、「独立行政法人高齢・障害・求職者雇用支援機構」が窓口になります。

COLUMN

雇用関係助成金の最新情報を入手するには？

雇用関係助成金は毎年、改正があって、廃止されるものと新設されるものが続出します。申請しようと思ったらいつの間にか廃止になっていた……とか、知らない間に新しい助成金制度ができていた……なんてことが頻繁にあるのです。

信頼できる最新情報を入手するには、厚生労働省の web ページがいちばんです。「事業主の方のための雇用関係助成金」で web 検索すると、厚労省の最新の一覧表を確認することができます。

9 雇用を維持する事業主のための助成金

「雇用調整助成金」とは

それでは、おもな助成金を見ていきましょう。雇用関係の助成金の代表格は、なんといっても「雇用調整助成金」です。

雇用調整って、景気が悪くなったときにボクらみたいな従業員が調整されちゃうってことですか？

いやいや、そういう意味での〝調整〟じゃ、ありません。景気が落ち込むと、労働力を減らすという意味で自宅待機してもらう。そうすると、本人に対して最低でも平均賃金（※）の6割を「休業手当」として支払う必要がある。働いていない人の給料を6割補填しなければいけないことになって大変なので、この助成金で休業手当を補填してください、という趣旨の助成金なんです。

うーん、従業員にとっては、あまりありがたい事態ではないですよね。

経営者にとってはありがたいから覚えとこう。たとえば、20円万払ってた社員に自宅待

※ 平均賃金…原則として事由の発生した日以前３か月間の賃金総額を、その期間の暦日数で除した金額。

機してもらう、となったときに、6割が国から出るってことですかね？

ルール上は「最低6割」なんですね。6割以上であればいくらでもいいので、100％の会社もある。ルール上は6割でいいんだけど、「うちの会社は100％払う」というのであれば、100％に対して助成金がつきます。

全額ですか！

いや、会社が本人に対して「休業手当だよ」と支払った給与相当額の3分の2（中小企業）、もしくは2分の1（大企業）です。

逆に言うと田中社長。残り3分の1とか2分の1は自分で頑張ってねということです。

「雇用調整助成金」は、景気の変動や産業構造の変化などによって事業を縮小せざるをえない場合に、「雇用調整」によって労働者の雇用を維持する事業主に支給されます。労働者の失業の予防や、雇用の安定が目的です。

雇用調整とされるのは、所定労働時間内でも労働者に労働をできなくさせる「休業」、職業に関連する知識・技術を習得・向上させる「教育訓練」、それに「出向」の3つです。

ただし、いずれの助成金でもそうですが、**対象となる措置、対象となる事業主、対象期間などで、助成金別の細かい要件を満たすことが必要**です。

支給額は、休業の場合は支払われた休業手当相当額に、「助成率」を掛けた額、教育訓

雇用調整助成金の支給額

企業規模	中小企業	大企業
助成率	2/3	1/2
教育訓練の場合の加算額（※1）	1200円	

累計の支給日数（判定基礎期間（※2）の休業等の延べ日数を対象労働者数（※3）で割った数）が30日に達した判定基礎期間の次の判定基礎期間からは、次の表のとおりになります。

教育訓練の実施率（※4）	1/10未満		1/10以上1/5未満		1/5以上	
企業規模	中小企業	大企業	中小企業	大企業	中小企業	大企業
助成率	1/2	1/4	2/3	1/2	2/3	1/2
教育訓練の場合の加算額（※1）	1200円				1800円	

※1　1人1日あたりの加算額
※2　毎月の給与締め切り日の翌日から、その次の締め切り日までの期間
※3　雇用保険に加入している人の総数
※4　休業等の延べ日数のうち、教育訓練を行った日数の割合

練の場合は教育訓練を実施した際に支払われた賃金相当額に「助成率」を掛けた額、出向の場合は出向を実施した際の事業主の負担額に「助成率」を掛けた額が、基本になります。

教育訓練の場合は、表の「加算額」を加えた額が実際の支給額です。

なお、令和6年4月より、休業よりも教育訓練による雇用調整を選択しやすくするように見直しがされました。受給の手続きについても、計画届の提出など細かい手順と期限が決まっています。どの助成金についても言えることですが、実際の手続きはプロの社会保険労務士に依頼することをおすすめします。

10 求人募集の工夫でさらに助成金がもらえます

「トライアル雇用助成金」とは？

従業員の雇用を維持して業績を回復させたら、今度は人を増やしますよね。従業員を雇い入れる際の助成金もいろいろありますが、注目すべきは「トライアル雇用助成金」。

雇用のトライアル、ですか？

「トライアル雇用助成金」は、ハローワークや特定の民間職業紹介事業者の紹介で、一定期間、求職者を試行雇用した場合に受給できます。対象は、職業経験、技能、知識などの面から安定的な就職が困難な求職者です。

たとえば、経験が少なくて、いきなり本採用するのが不安な求職者を試しに雇うときに助成があるわけです。ただし、常用雇用へ移行することを目的にした試行雇用でなければならないという条件があります。

求職者の適性や可能性を見極め、求人側と求職者の相互理解を深めて、早期の就職や雇

用機会を増やすことを目的にしています。対象となる措置、対象となる事業主など、細かい要件を満たす必要があるのは、他の助成金と同様です。

支給額は、トライアル雇用に係る雇入れの日から1か月単位で、最長3か月を対象にし、支給対象者1人につき月額4万円です。母子家庭の母や父子家庭の父などの場合は、月額5万円が支給されます。本人都合による退職などで1か月に満たない月がある場合は、別途定められた計算方法による支給額になります。

そもそもこの制度は、ハローワークの紹介のときに活用されることが多いもの。助成金を使いたい場合は、求人のときに「トライアル雇用併用の求人でお願いします」と言って提出するのです。

それを出しておけば、もしそういう人が応募してきたときに「この人だと助成金の対象になるよ」とハローワークが教えてくれる。出すだけ出しておくことに問題はありませんから、普通の求人と併せてこのトライアルでの求人も活用するとよいでしょう。

なるほど！　両建てで求人を出すわけですね。ところで、そのトライアルには高齢者も含まれるんですか？

いや、含まれません。紹介日の前日から過去2年以内に2回以上離職や転職を繰り返している人、紹介日の前日時点で、パート・アルバイトを含めて働いてない期間が1年を超えている人、昭和43年4月2日以降生まれで、ハローワーク等で担当者制による個別支援を受けている人、ホームレスの人などです。

でもホームレスの人って、やむを得ずそうなってしまった人のほかに、働きたくなくて路上生活してる人もいるんじゃ……。

それはその通りなんだけど、働けるようになったときに「住み込みでトライアルでやらせてください」という人もいます。ただし、ここで気をつけてほしいのは、あくまで〝トライアル〟、つまり本採用ではないと言うことです。

正式採用じゃないと。

たとえば、「特定求職者雇用開発助成金」という昔からある助成金は、高齢者の本採用のときに助成金が出ます。このあたりはいくらでも細かく説明できますが、キリがないので、気になった助成金があったら、私のような社労士に聞いてくださいね。

11 仕事と家庭を両立すると、会社に助成金が出る？

「両立支援等助成金」とは？

おもしろいところでは、仕事と家庭の両立を支援する助成金なんかもあります。日本は完全に少子高齢化社会ですから、中心は育児をしやすくする取組みへの助成ですが。

おー。僕に子どもができてイクメンになったら助成金をもらえると。

キミはその前に結婚だろ。

社長、それは言いすぎですよ。佐藤さんも努力してるんだから。

センセ、全然フォローになってないですけど……。

ちなみに、男性の育児参加を促す助成金もあります。

「両立支援等助成金」の目的は、職場生活と家庭生活の両立を支援する事業主の取組みを支援・促進することです。男性が子の出生後8週間以内に開始する育児休業の取得や男性の育児休業取得率の上昇を支援する「出生時両立支援コース」、育児休業からの職場復帰を支援する「育児休業等支援コース」など、6つの助成金・コースがあります。

たとえば、「両立支援等助成金（育児休業等支援コース）」をご紹介しましょう。このコースでは、育休復帰支援プランを作成し、そのプランに基づいて育児休業を取得し、職場復帰させた事業主に助成が行われます。

育休取得時と職場復帰時の2つのコースがあり、対象となるすべての措置を実施した場合には2回の支給を受けられますが、これにも細かい要件があります。対象となる事業主などの要件も細かく設けられています。

支給額は、育児休業等支援コース（育休取得時）、育児休業等支援コース（職場復帰時）ともに、30万円で、1事業主当たり2人まで支給（有期労働契約労働者1人・期間の定めのない労働者1人）となっています。

なお、育児休業等支援コースを申請する事業主が、自社の育児休業等の利用状況についての情報を指定のサイトで公表した場合、1回に限り2万円が加算されます。

ちなみに、うちの事務所の社員が育児休業を取得したので、この助成金を申請して、育休取得時と職場復帰時の両方をもらいました。

さすがプロ！　うちの会社でも、助成金の見逃しがないようにしないと！

12 キャリアアップに取り組む会社に助成金

「キャリアアップ助成金」とは?

田中さんの会社には、契約社員とか派遣社員の方はいませんか?

昔は派遣社員に事務を頼んでいたときもあったけど、今はいないなあ。

それは残念。契約社員などのキャリアアップ促進を助成する制度を紹介したかったんですが。

有期契約労働者、短時間労働者、派遣労働者など、いわゆる非正規雇用の労働者、期間の定めがない雇用でも正社員待遇を受けていない労働者などに、企業内でキャリアアップしてもらおうという取組みがあります。

これは「キャリアアップ助成金」という名称で、安定した雇用形態への転換などを促進する取組みをした事業主に、助成金を支給するものです。具体的には次ページ表の６つの

キャリアアップ助成金の7コース

有期雇用労働者等とは…有期雇用労働者・無期雇用労働者

正社員化支援	①「正社員化コース」	有期雇用労働者等を正社員化した場合
	②「障害者正社員化コース」	障害のある有期雇用労働者等を正規雇用労働者に転換した場合（有期雇用労働者を無期雇用労働者に転換した場合も含む）
処遇改善支援	③「賃金規定等改定コース」	有期雇用労働者等の基本給の賃金規程等を改定し、3%以上増額改定・昇給させた場合
	④「賃金規定等共通化コース」	有期雇用労働者等と正規雇用労働者との共通の賃金規定等を新たに作成し、適用した場合
	⑤「賞与・退職金制度導入コース」	有期雇用労働者等に関して、賞与・退職金制度を新たに設け、支給または積立てを実施した場合
	⑥「社会保険適用時処遇改善コース」 ※令和8年3月31日までの暫定措置	雇用する短時間労働者に次のいずれかを行った場合 ・新たに社会保険に加入する要件を満たし、被保険者となった際に、手当の支給や賃上げなど賃金総額を増加させる取り組みを行った場合 ・週の所定労働時間を4時間以上延長する等を行い、これにより社会保険の加入要件を満たし、被保険者となった場合

コースがあります。すべて、有期契約労働者などを対象にしたものです。

ここでは、①の正社員化コースを例に見てみましょう。

キャリアアップ助成金の正社員化コースは、有期契約労働者などを正社員に転換または派遣労働者を正社員として直接雇用した事業主に対して助成金を支給するものです。対象となる措置、対象となる事業主は、一定の要件を満たす必要があります。

この助成金の支給額は、転換などの内容に応じて、177ページの表のとおりです。ただし、対象労働者の合計人数は、1年度1事業所当たり20人までが上限となっています。

①の正社員化コースですが、転換後6ヵ月の賃金合計が転換前6ヵ月の賃金合計と比べてボーナスを含まず3％以上増額させていることが要件になっていますので、注意が必要です。

契約社員から正社員にさせても、給与が上がっていないと対象にならないんだ。

そうです。なお、令和4年10月1日以降に正社員にさせる場合は、「ボーナスまたは退職金の制度」と「昇給」のある正社員が条件になります。

助成金は色々と条件があるんですね。前にインターネットで助成金のマニュアルを見たんですけど、文字ばかりで頭がクラクラしました。

キミが契約社員になって、半年後に正社員になったら……。

社長、冗談はやめてください！

正社員に転換した日の前日から過去3年以内に正社員だった方は、この助成金は使えませんよ。

とにかく、私のような社会保険労務士に聞くなり、厚生労働省のホームページを見るなりして、いろいろと調べてみることですね。

たとえば、東京労働局管内の適用事業所では、キャリアアップ助成金の正社員化コースに上乗せして、「東京都正規雇用等転換安定化支援助成金」の支給があります。正規雇用

キャリアアップ助成金（正社員化コース）の支給額

適用内容	支給対象者1人当たりの支給額	派遣労働者を派遣先で直接雇用した場合	対象者が母子家庭の母等または父子家庭の父の場合	人材開発支援助成金の訓練修了後に正社員化した場合（※1以外の訓練終了後）	人材開発支援助成金の訓練修了後に正社員化した場合（※1の終了後）	正社員転換制度を設け、正社員に転換等した場合（1事業所あたり1回のみ）	「勤務地限定・職務限定・短時間正社員」制度を設け、当該雇用区分に転換等した場合（1事業所あたり1回のみ）
有期雇用から正社員への転換等	80万円（60万円）	28.5万円加算	9.5万円加算	9.5万円加算	11万円加算	20万円加算（15万円加算）	40万円加算（30万円加算）
無期雇用から正社員への転換等	40万円（30万円）	28.5万円加算	4.75万円加算	4.75万円加算	5.5万円加算	20万円加算（15万円加算）	40万円加算（30万円加算）

※1　自発的職業職業能力開発訓練また定額制訓練
※　令和6年4月1日現在　（　）内は大企業

●東京都正規雇用等転換安定化支援助成金の支給額

対象労働者数	助成額
1人	20万円
2人	40万円
3人以上	60万円

次の表に掲げる取組を行った場合、助成金が加算されます

加算事項	加算額
退職金制度整備加算	10万円
結婚・育児支援制度加算	10万円
賃上げ加算	最大18万円（1人6万円、最大3人）

※　申請は1年度につき1事業所あたり3回まで。交付上限額は1年度につき1雇用保険適用事業所あたり60万円。
※　退職金制度および結婚・育児支援制度の加算は、1事業主あたり1回のみ。
※　賃上げ加算は、賃上げ後の時間当たり賃金額が、東京都の最低賃金を30円以上上回っていることが必要。

に転換後、所定の支援を行うと、前ページ表の金額が助成される制度です。また、岐阜県では就職氷河期世代（36歳以上56歳以下）を正社員に転換させた場合、キャリアアップ助成金の正社員コースに上乗せして、「岐阜県就職氷河期世代正社員化促進奨励金」を支給する制度があったりします。

今の若い人は、就職できないケースも多いし、30代、40代で派遣の人もたくさんいるじゃないですか、そういう人を正規雇用した場合も助成金って出るんですかね？

派遣の方を派遣先で正社員とした場合、キャリアアップ助成金で派遣分の上乗せがついて、28・5万円が増えます。

しかし、会社にとってどっちが得かはわからないですよね。

そこが分かれ目だよね。派遣の場合は派遣会社に払うだけで社会保険なんか考えなくていい、なおかつ消費税の課税仕入れになるわけだから、どっちが得かというのは、なかなか見えない。

実際のキャリアアップ助成金を使うケースでもっとも多かったり、「こういう使い方がいいよ」という意味ではどうなんでしょうか？

「もう契約社員で半年以上働いてもらっているけど、いい人だし、正社員にならないか？」というのが代表的なパターンでしょうね。あとは派遣で来てもらってるんだけども「もう社員になっちゃわない？」っていうパターン。

ただし、派遣法が改正されたことで、３年で別の会社に移らなければならなくなりました。せっかくキャリアが身に付いた頃に、別の会社に行かなきゃいけない。別の会社に行くか、その派遣会社で直接雇用となるか、ということになるわけです。

それはありえますよね、小さい会社で正社員より仕事ができる派遣社員がいて、ずっといてほしいけど、契約が切れてしまうというケース。ま、ウチもそうだけどね。

な、な、なんですか！　いきなりみんな僕のこと見て……。

いやいや、そういうことじゃないよ。キミには社会保険のプロとして、どんどんキャリアを磨いてもらうよ。

助成金が出なくても、私がお教えしますよ！

PART 4

「労災・雇用保険の給付をモレなくもらうため」の まとめ

□労災保険でもっともポピュラーなのは、仕事によるケガや病気、通勤途中のケガや病気などで療養が必要なとき、労災指定病院などで無料で治療が受けられる「療養の給付」

□仕事による病気やケガを「業務災害」、通勤途中のケガなどは「通勤災害」と言う

□業務災害の給付は「療養補償給付」、通勤災害の給付は「療養給付」という呼び方になる

□労災病院や労災指定医療機関で、一度、療養の給付請求書を提出すれば、そのケガや病気についてはずっと給付が受けられる

□所定労働時間内や残業時間中に職場で仕事をしているなど、会社の支配・管理下で業務に従事している場合のケガは、特別の事情がない限り業務災害と認められる

□通勤災害の「通勤」とされるのは次の3つに当てはまる移動。①「住居」と「就業の場所」との間の往復、②「就業の場所」から他の「就業の場所」への移動、③単身赴任先「住居」

と帰省先「住居」との間の移動

- □業務災害や通勤災害で会社を休むと、労災保険から「休業（補償）給付」が出る
- □雇用保険は、労働者が失業して生活の糧を得る方法を失ったときに、生活と雇用の安定、就職の促進のために「失業等給付」が支給される保険
- □雇用保険には、大きく分けて、職を求める人のための「求職者給付」、就職の促進のための「就職促進給付」、雇用の継続が困難になる事態が生じた場合の「雇用継続給付」、労働者が職業に関する教育訓練を受けた場合の「教育訓練給付」の4種類がある
- □退職者には、「基本手当日額」が支給される。支給を受けるには、ハローワークに行って求職の申込みを行い、就職しようとする積極的な意思を示す必要がある
- □いま雇用されている人の雇用継続がむずかしくなったときに支給される給付もある
- □「育児休業給付金」は、原則として1歳未満の子を養育するために、育児休業を取得した場合に受給できる
- □産前6週間、産後8週間までは産前産後休業。それ以降が育児休業

□産休や育休を取得した場合、休業期間中は健康保険料と厚生年金保険料の本人負担と事業主負担が免除される

□雇用の安定、職場環境の改善、仕事と家庭の両立、従業員の能力向上などを目的に、会社に支給される雇用関係の助成金がある

PART 5

健康保険・厚生年金と給付金

～もらえるお金はきちんともらって保険料のモトをとろう～

今回のテーマは健康保険と厚生年金。年金事務は、従業員の関心も高いところ。年金制度のしくみから、意外と知られていない手厚い給付の数々まで、具体的に紹介していきます。

1 年をとったら、年金はどれだけもらえるの？

そもそも、年金の趣旨とは

松島先生、こんにちは。この前は、労働保険と雇用保険の給付と助成金のお話をうかがって、社会保険にはこんなに知らないことがあるんだと思い知らされました。これは、健康保険と厚生年金の給付の話もお聞きしておいたほうがいいなと。

佐藤さん、熱心ですねえ。

私は64歳で、来年からは年金をもらえます。でも仕事を続けて収入があると、どうなのかとか、いろいろ気になることがありましてねえ。

そこんとこは、あとでじっくりお話ししましょう。大事なことだから。梅田先生は70歳で老齢基礎年金と老齢厚生年金を受け取っていますが、改めて確認しておきたいそうですし。基本からいきます。

だいたいのところはわかってるつもりだけど、一緒の事務所にいるとはいえ、松島先生にとことん聞けるチャンスはめったにないからね。

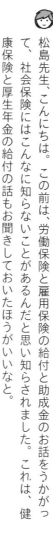

まずＰＡＲＴ１でも説明したように、年金は老齢基礎年金と老齢厚生年金、障害基礎年金、障害厚生年金、遺族基礎年金、遺族厚生年金があります。田中社長の場合は特別支給の老齢厚生年金にも当てはまるでしょう。

健康保険は、療養の給付に入院時の食事療養費があって、そのほか高額療養費、それに移送費、傷病手当金、出産育児一時金、出産手当金に埋葬料などがあります。

ざっと説明するとこれだけですが、せっかくですから、田中社長たちの知りたいことにも踏み込んで説明していきましょう。

年金は「貯金」ではなく、「世代間扶養」

まず年金について。年金というと、「年をとってからもらうもの」と思われがちですが、年金保険料をある程度支払った人が受けられるものには、一定の年齢に達したときに受給できる「老齢年金」のほかに、２つの年金があります。

１つは、一定の障害の状態にある人が受ける「障害年金」、もう１つは、本人が死亡したときに遺族が受けられる「遺族年金」です。

厚生年金に入っている人は、国民年金（基礎年金）と厚生年金の２階建てに加入していますから（↓37ページ）、老齢基礎年金、老齢厚生年金、障害基礎年金、障害厚生年金、遺族基礎年金、遺族厚生年金の、合計6つの年金が受給可能ということになります。

1つの保険に入ってるつもりだったけど、6つも入ってたんですな。受給可能と言っても、障害年金は障害者にならないとダメですよね。

もちろんです。まあ、個人の年金保険に保険金を上乗せする特約と、障害時、死亡時の特約が付いてるようなもんですね。

なんだか、オトク感があるなあ。

これから年金の受給要件や計算方法について説明しますが、その前に1つ。田中社長も佐藤さんも、「年金をもらう」って言ってますよね。

はい。……え、違うんですか？

年金を「もらう」という表現は、実態とは微妙に異なります。**年金は、仕事が終わってもう給料がもらえない人の生活を補填する意味で、存在するもの**です。

ですから、田中さんが老齢厚生年金を受け取れる年齢になっても仕事を続けて給与収入がある場合は、二重の取り分になってしまう。そこは調整されます。これが在職老齢年金。

※ 60歳以降に老齢厚生年金を受け取りながら働く場合、「老齢厚生年金月額」と「毎月の賃金（標準報酬月額）＋直近1年間のボーナス（標準賞与額）÷ 12」の合計額が50万円を超えると、超えた額の1/2の年金額が支給停止になります。

（※）

在職老齢年金の対象は老齢厚生年金のみで老齢基礎年金（国民年金）は支給停止されません。

ええ！　年金がもらえる年齢でも、収入があると、その金額に応じて厚生年金のほうは調整されるってことは、つまり満額もらえないってことですか！

だからね……なんとなく、年金って自分が過去に掛けてたものを取り戻そうというイメージがあるんだけど、そもそもそういう考え方の制度じゃないんですよ。

そう。個人単位じゃないんです、年金というのは。世代間扶養なんです。

だから、自分の取り分はいくらか、という考えは違う、と……。

私は70歳になったので、厚生年金を資格喪失して保険料を払わなくなったけど、前と変わらず老齢厚生年金は一部しかもらってないよ。

梅田先生は税理士法人の代表で、70歳以降も報酬を受け取ってますので「厚生年金70歳以上被用者」となり、在職老齢年金の仕組みが適用されます。

在職老齢年金は、厚生年金に加入していることが条件なので、厚生年金に加入できない個人事業主は、在職老齢年金の仕組みは適用されないんです。

なので「税理士法人解散。昔の個人事業主に戻る」となれば、所得に関わらず老齢厚生年金は全額もらえるんですよ。

だから1人社長のところなどは、ある年齢までは、会社にして税金的にも社会信用的にもメリットがあったかもしれないけど、年金という切り口からすると不利になるんです。

1人社長じゃなくても、正直65歳くらいになると身体もきつくなってくる。だから年金で……と思っていたのですが、給料をもらっているとダメなんですねえ。なんか、掛け捨てでソンした感じにもなるけど。

それはソンではなくて、そういう制度だと思わなければいけない。

だけど、突き詰めるとやっぱり変なところもあるよ。切り口が給与収入だけだから。給料以外の所得、たとえば不動産賃貸で何千万円不動産所得があろうと、年金には影響しないわけでしょ。マイナンバー制度で社会保障と税の一体化となってきたときに、「これだけ納税してる、これだけ所得がある」ってことがわかった場合には、今まで給与だけだったけど、全体の所得に年金が関係していくイメージが、なきにしもあらずだよね。

そうですね、そんな気がしますね……。

60歳になったら、いや佐藤さんの年齢でも年金事務所に行ってください。これまで掛けてきた金額だけでなく、今後は報酬をどうしようと思うかなどで、年金額を算出してくれます。インターネットからでも試算できますよ。

たとえば、ある会社経営者がずーっと生涯現役だとして、月に50万円もらっている。果たしてこの人は年金はいつからいくらもらえるか。また、ずっと個人事業主でやってる人。あるいはリタイアして老後はアパート経営で不動産所得のある人、フリーランスで国民年金を過去から払ってきて65歳になった場合なども違ってきます。

やっぱりみなさん、いちばん知りたいのは、自分は一体いくらもらえるのか、ということだと思います。これは**パターンによってかなり違うから、自分で年金事務所に行くなりしないといけない。**年金事務所は、その点の説明については、親切です。

② 年金の受給要件と計算方法ってどうなってるの？

ややこしい計算方法だが、年金事務所で教えてくれる

さて、話をもとに戻しましょうか。

年金をもらえる……いや受給できる要件とか計算方法ですね。

それぞれの年金を受給するためには、それぞれの要件を満たすことが必要です。

まず、**「老齢基礎年金」は、保険料納付済期間と保険料免除期間の合計が10年、１２０月以上あることが支給の要件**になります。支給開始年齢は原則として65歳。

ただし、60歳からの繰上げ・減額支給や、66歳から75歳までの繰下げ・増額支給も選択可能です。

20歳から59歳まで、40年間の加入可能年数４８０月の全保険料を納めた人は、老齢基礎年金の受給額が「満額」になります。ただし、公的年金の支給額には「物価変動率」「名目手取り賃金変動率」「マクロ経済スライド」を基準にした改定率が反映されることになっています。

たとえば、令和６年度の改定率は１・０４５でした。この改定率を平成16年改正後の規定に定める額78万９００円に掛けた81万６０００円が、令和６年4月分からの満額となっています。

この満額をもとに、老齢基礎年金の支給額を計算するのが次ページ図の計算式です。40年間４８０月の保険料を納めた人ばかりではないので、分子に実際に保険料を納めた月数を置き、満額に掛けると支給額が計算できます。

また、保険料を免除された期間があるときは、免除額ではなく、一定の割合が支給額に反映されます。この反映の割合は、平成21年4月に一度変わっているので、それ以前と以後では計算を変えなければなりません。

たとえば、平成21年4月以降に全額免除を受けた場合は、全額ではなく、２分の１の額が支給額の計算から除かれるということです。

むむむ、年金ってこんな方法で計算しているのか。よくわかんないなあ。

これは老齢基礎年金の場合ですけどね。基礎年金は国民年金ともいって、厚生年金に加

入している人は自動的に国民年金にも加入しているんですよ。次の老齢厚生年金はもう少し複雑です。3つの部分でできてますからね。

老齢基礎年金の計算方法

■ 保険料を納めていない期間がある場合

$$81万6000円（令和6年度の満額）\times \frac{保険料納付済月数}{480月}$$

■ 保険料の免除を受けた期間がある場合

$$満額 \times \frac{保険料納付済月数+（保険料免除月数 \times 反映割合）}{480月}$$

●反映の割合

	全額免除	3/4免除	半額免除	1/4免除
～平成21年3月	1/3	1/2	2/3	5/6
平成21年4月～	1/2	5/8	3/4	7/8

「老齢厚生年金」の支給要件は、まず老齢基礎年金の支給要件を満たしていること。また、厚生年金保険の被保険者期間が1か月以上あること。ただし、65歳未満の人が受給する老齢厚生年金については、1年以上の被保険者期間が必要になります。これはPART1で簡単に説明しましたね。

支給額は、実は3つの金額を合計したものです。

現在の厚生年金は、65歳未満と65歳以上とで計算方法が変わりますが、65歳未満の場合でいうと、第1に「定額部分」、第2に「報酬比例部分」、第3に「加給年金額」の合計になっています。

第1の定額部分は、65歳以上の老齢基礎年金にあたる部分で、「定額単価×加入月数」で計算されます。次ページ図の「1701円×生年月日に応じた率」が定額単価です。

第2の報酬比例部分は、在職中の報酬に比例する部分になります。計算式は次ページの図の通りで、平成15年3月までと4月以後を分けて計算し、合計しているのは、ここで総報酬制（↓42ページ）が導入されたからです。

そのため、15年4月以後は賞与も含めた平均の標準報酬額で計算していますが、3月以前は平均の標準報酬月額だけで計算し、後で合計しているのです。

ちなみに、定額部分と報酬比例部分に掛けている「生年月日に応じた率」は、過去の低い報酬月額などを現在の賃金水準に合わせる役割などをしています。

報酬比例部分の計算では、生年月日に応じた率で計算した額が、平成6年の水準で計算した額を下回る場合は、そちらが報酬比例部分の額になります（「従前額保障」と言います）。

第3の加給年金額は、厚生年金の被保険者期間が20年以上、または40歳以降15年以上（女性の場合は35歳以降15年以上）ある人が、65歳到達時点（または定額部分の支給年齢

老齢厚生年金（65歳未満）の計算方法

厚生年金 ＝ 定額部分 ＋ 報酬比例部分 ＋ 加給年金額

■ 定額部分（65歳未満）

1701円 × 生年月日に応じた率 × 被保険者期間の月数

■ 報酬比例部分・報酬比例年金額

（平均標準報酬月額 × 生年月日に応じた率 × 平成15年3月までの被保険者期間の月数）

＋（平均標準報酬額 × 生年月日に応じた率 × 平成15年4月以後の被保険者期間の月数）

■ 加給年金額

対象者	年齢制限	加給年金額
配偶者	65歳未満 大正15年4月1日以前に生まれた配偶者には年齢制限がない	23万4800円
1人目・2人目の子	18歳到達年度の末日までの間にある子 1級・2級の障害の状態にある20歳未満の子	各23万4800円
3人目以降の子		各7万8300円

■ 経過的加算（65歳以上）

（1701円 × 生年月日に応じた率 × 被保険者期間の月数）

－（81万6000円 × 指定期間中の被保険者期間の月数 / 480月）

に達した時点）で、生計を維持している図のような配偶者・子がいる場合に支給されるものです。ただし、配偶者が老齢厚生年金（被保険者期間が20年以上、または40歳以降15年以上（女性の場合は35歳以降15年以上）、退職共済年金（組合員期間20年以上）を受け取る権利があるとき、または障害年金を受けられる間は、配偶者の加給年金は支給が停止されます。（一部経過措置あり）。

加給年金は、年金を受けている人の生年月日に応じて、配偶者の加給年金額に3万4700円～17万3300円の特別加算があります。

し、知らなかった。こんなに複雑な計算をしているとは。

給料の平均に加入月数を掛けてその何%……とか、パパッと計算しているんだと思ってました。

そんなに簡単だったら、社会保険労務士はいらないですね……。そこで、65歳以上の計算についてですが……。

65歳以上では、「報酬比例年金額」「経過的加算」「加給年金額」の合計が支給額になります。報酬比例年金額は65歳未満の報酬比例部分と同じ計算、加給年金額も同じです。

ただし、**65歳未満の定額部分については、65歳になると老齢基礎年金が支給され、移行するので支給されなくなります。**しかし、当分の間は、定額部分のほうが老齢基礎年金より多いため、そのままでは支給額が下がってしまうのです。

そこで、65歳以上で加算されるのが経過的加算です。つまり、経過的加算は65歳未満の定額部分と、65歳以上の老齢基礎年金の差額ということになります。

そのためには、定額部分の計算式「1701円×生年月日に応じた率×被保険者期間の月数」から「昭和36年4月以降で20歳以上60歳未満の期間の老齢基礎年金相当額」を差し引く計算が必要です。それが、194ページ図の経過的加算の計算式です。

要するに65歳で支給額が下がらないよう、差額を加算してるんです。

計算はむずかしくてよくわからないから、それだけ覚えておこう。

なんで65歳から支給額が下がることになっちゃったんですか？

それはですね、要するに「特別支給の老齢厚生年金」のためなんですが、その話はまたこの次の機会に（※）。田中社長も佐藤さんも「年金をもらう」という言い方をしていましたが、年金の本来のあり方とは考えが違うんです。田中社長の疑問も、そこから来てると思いますよ。

※ 特別支給の老齢厚生年金…支給開始年齢が65歳に引き上げられた際、段階的に引き上げるために、60歳から64歳まで支給されることになった老齢厚生年金。男性は1961年4月1日生まれ、女性は1966年4月1日生まれの人までが対象。

③ これだけもらえる年金のあれこれ

障害年金・遺族年金支給額の計算方法一覧

ふだんの会話で年金っていうと、老齢年金のことが多いですが、年金には障害年金、遺族年金もあります。

障害年金というと、いわゆる障害者に認定されていればもらえるんですか？　病気やケガで足や手が少し不自由になっただけでも、障害者手帳はもらえますよね。

よく知ってますね。

いや、知り合いに交通事故で少し歩行が困難になった人がいまして。障害者4級、つまり1㎞以上の歩行が困難、ということで手帳を持ってるんです。

じゃあ、障害者手帳と障害年金は別物だってことも知ってるよね？

はい。障害者はたしか1級から7級まであって、1級は重度の障害者。でも年金は別途認定されなければいけない。障害者について言うと、7級はホントに軽い障害でも認定されますよね。たとえば矯正視力がかなり低いとか……。

え、じゃ、僕も障害者？　裸眼で0・01なんだけど。

いや、眼鏡を掛けてそこそこ見えるのなら障害者じゃないはずです。

要するに障害7級ぐらいの軽い人に障害年金は出ない。障害年金は1級、2級、3級なんですが、佐藤さんの言うとおり障害者認定とは違うんですよ。

障害年金にも、「障害基礎年金」と「障害厚生年金」があります。
「障害基礎年金」は、国民年金（基礎年金）から支給される年金です。ですから、要件の第1は「国民年金（基礎年金）に加入している間に初診日があること」となります。
ただし、20歳前や、60歳から64歳までの年金に加入していない期間でも、国内に住んでいる間に初診日があれば、年金の対象です。

また、一定の障害の状態にあることはもちろんですが、保険料の納付状況についても要件があります。**初診日のある月の前々月までの加入期間で、3分の2以上の保険料が納付（または免除）されていなければなりません。**さらに、初診日に65歳未満であり、初診日のある月の前々月までの1年間に保険料の未納がないことも要件です。
支給額は、左図のとおり第1級で国民年金満額の1・25倍、第2級で満額になります。子がいる場合の加算は、老齢厚生年金の加給年金額と同じ、子の年齢制限についても同じ

障害基礎年金・障害厚生年金の支給額

●障害基礎年金

障害等級　第1級	81万6000円×1.25＋子の加算
障害等級　第2級	81万6000円＋子の加算

※子の加算

第1子・第2子	各23万4800円
第3子以降	7万8300円

●障害厚生年金

障害等級　第1級
報酬比例部分の年金額×1.25＋(配偶者の加給年金額23万4800円)
障害等級　第2級
報酬比例部分の年金額＋(配偶者の加給年金額23万4800円)
障害等級　第3級
報酬比例部分の年金額　※最低保障額　61万2000円

〈報酬比例部分の年金額〉

$$\left(\text{平均標準報酬月額} \times \frac{7.125}{1000} \times \text{平成15年3月までの被保険者期間の月数}\right) + \left(\text{平均標準報酬額} \times \frac{5.481}{1000} \times \text{平成15年4月以後の被保険者期間の月数}\right)$$

〈報酬比例部分の年金額（従前額保障)〉

$$\left(\text{平均標準報酬月額} \times \frac{7.5}{1000} \times \text{平成15年3月までの被保険者期間の月数}\right) + \left(\text{平均標準報酬額} \times \frac{5.769}{1000} \times \text{平成15年4月以後の被保険者期間の月数}\right)$$

$\times$ 1.041　※昭和13年4月2日以前に生まれた人は1.043

です。

なお、20歳前のケガや病気で障害基礎年金を受給する場合は、本人が保険料を負担していないことから、一定の所得制限があります。

20歳前で保険料を1円も払っていなくても、年金が出るのはスゴイなあ。そういう人でも、厚生年金のほうも出るんですか？

障害厚生年金の支給はありません。だって、国民年金だけ加入している人でも、障害厚生年金の支給はないんですよ。

あっ、そうか！

障害厚生年金の要件の第1は、厚生年金に加入している間に初診日があることです。その他の要件は、障害基礎年金と同じになります。

初診日って、具体的にはどういうことなんだ？

要するに障害者認定されるには、医師が診察して、「この人は障害○級です」とお墨付きを出さなければならないわけです。田中社長がぎっくり腰かなんかで膝も傷めて生活に不自由をきたすようになっても、診断書がなければ障害者認定はされません。

支給額は199ページの図のとおり「報酬比例部分の年金額」をもとに計算しますが、この報酬比例部分の年金額とは、老齢厚生年金の報酬比例部分・報酬比例年金額の「生年月日に応じた率」に定率を入れたものです。

また、要件を満たす配偶者がいる場合は、老齢厚生年金と同じ加給年金額が加算されます。従前額保障を下回る場合に、従前額保障の額になる点も同様です。

次に遺族基礎年金です。

遺族基礎年金は、国民年金の被保険者、または老齢基礎年金の受給資格期間が25年以上ある人が亡くなった場合に支給されます。

障害基礎年金と同様、保険料納付済期間（免除期間を含む）が加入期間の3分の2以上なければなりません。ただし、令和8年3月末日までは、死亡日に65歳未満であれば、死亡日のある月の前々月までの1年間に保険料の滞納がなければ受給できます。

この**遺族にも要件があります。亡くなった人に生計を維持されていた18歳未満の子か、その子の親である配偶者でなければなりません。**「生計を維持されていた」とは、遺族が生前、故人と生計を同一にしていて、将来は一定の収入を得られなくなることを示します。

そのうえで、老齢厚生年金の加給年金額の年齢制限と同じ要件を満たす子がいると、その子とその子の親の配偶者が遺族基礎年金を受給できるわけです。
支給額は、次ページ図のとおり国民年金の満額と、子の加算になっています。子の加算は、障害基礎年金の場合と同額です。
なお、遺族が子だけの場合も受給できます。その場合、子の加算は第2子以降について行われ、子1人当たりの年金額は受給額を等分した額です。

18歳未満の子という要件は厳しいですねえ。ウチももう大学を卒業しているし……。

そうですね。基本的に、ある程度若い働き手を失った遺族のための年金という性格です。でも、次に紹介する遺族厚生年金は違います。子どもがいない妻・夫も対象です。

おっ、それはすばらしい。それならウチの奥さんも……。

ただし、「生計を維持されていた」という要件は同じです。

じゃダメだ。ウチの奥さん、オレより稼いでるもん。

遺族厚生年金が受けられるのは、被保険者が死亡したときのほか、被保険者期間中のケガや病気がもとで、初診日から5年以内に死亡したときも受給できるとされています。
そのほか、老齢厚生年金の受給資格期間が25年以上ある人が死亡したとき、1・2級の

遺族基礎年金・遺族厚生年金の支給額

遺族基礎年金

81万6000円 ＋ 子の加算

遺族厚生年金

報酬比例部分の年金額 × 3/4

※従前額保障を下回るときは従前額保障の額

障害厚生年金を受給できる人が死亡した場合も、遺族が受給できます。支給の要件は、遺族基礎年金と同様の保険料納付済期間です。令和8年3月末日までの死亡についても、同様の取扱いがあります。

遺族厚生年金が遺族基礎年金と大きく違うのは、対象となる遺族の範囲が、次のように広いことです。

①妻、子（18歳到達年度の年度末までの間、または20歳未満で障害等級1・2級）、55歳以上の夫
②55歳以上の父母
③孫（18歳到達年度の年度末までの間、または20歳未満で障害等級1・2級）
④55歳以上の祖父母

亡くなった人に生計を維持されていた遺族は、この順位で遺族厚生年金を受給できます。上の順位の人がいると、それより下位の人は受給できません。

また、妻は30歳未満で子がないときは5年間の有期支給、55歳以上の遺族の場合は原則59歳まで支給されず60歳からの支給になります。ただし夫は、遺族基礎年金を受け取れる子がいる場合に限り、60歳より前でも受給が可能です。

支給額は２０３ページ図のとおり、障害厚生年金と同じ報酬比例部分の年金額をもとに計算しますが、４分の３を掛けていることに注意してください。従前額保障を下回る場合は、従前額保障の額が年金額になります。

4 医療費だけじゃない、意外にもらえる給付の数々

健康保険の主な給付一覧

年金はこれくらいにして、健康保険の話に入りましょう。

そうですね。佐藤くんも私も、今のところもらえる年金がないし。

それに比べて、健康保険はときどき使いますからね。

もしかしたら、使えるのに使ってない給付があるかもしれませんよ。

え？

健康保険は、病院などの窓口に保険証を提出して診察を受けたり、薬局で薬を出してもらう「療養の給付」しか利用したことがない人も多いかもしれません。しかし、療養の給付以外にも実にさまざまな給付が用意されています。

ほとんどは、自分から申請しない限り受けられない給付なので、イザというときのために覚えておいて、忘れずに申請するようにしましょう。

ちなみに健康保険の給付を受ける権利は、受けられるようになった日の翌日から2年です。ですから、あとでわかった場合でも、申請すれば受けられる場合があります。

しかも本人だけでなく、健康保険のほとんどの給付は家族、つまり「被扶養者」も使えます。家族にも、もらえるのにもらってない給付がないか気を配ってください。

家族が使うときは、本人が使うときより自己負担が増えたりするんですか？

ほとんどの給付は、本人と同じですよ。

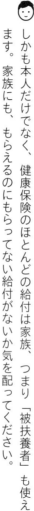

健康保険の主な給付一覧

（協会けんぽの例）

<table>
<tr><th colspan="2">給付の種類</th><th colspan="3" rowspan="2">給付が受けられるとき</th></tr>
<tr><th>被保険者</th><th>被扶養者</th></tr>
<tr><td>療養の給付</td><td rowspan="5">家族療養費
家族訪問看護療養費</td><td rowspan="10">病気やケガをしたとき</td><td colspan="2">病気やケガで医療機関にかかったとき</td></tr>
<tr><td>入院時食事療養費</td><td colspan="2">病気やケガで入院したとき</td></tr>
<tr><td>入院時生活療養費</td><td colspan="2">65 歳以上の人が入院したとき</td></tr>
<tr><td>保険外併用療養費</td><td colspan="2">特定の保険外診療を併用したとき</td></tr>
<tr><td>訪問看護療養費</td><td colspan="2">医師の指示で訪問看護を利用したとき</td></tr>
<tr><td>療養費</td><td>家族療養費</td><td colspan="2">やむを得ない事情で自費で受診したとき</td></tr>
<tr><td colspan="2">高額療養費</td><td colspan="2">自己負担額が限度額を超えたとき</td></tr>
<tr><td colspan="2">高額介護合算療養費</td><td colspan="2">介護保険との合計が一定額を超えたとき</td></tr>
<tr><td>移送費</td><td>家族移送費</td><td colspan="2">医師の指示で移送されたとき</td></tr>
<tr><td>傷病手当金</td><td>ー</td><td>会社を休んだとき</td><td rowspan="4">退職したあとも（継続または一定期間の給付）※被扶養者を除く</td></tr>
<tr><td>出産育児一時金</td><td>家族出産育児一時金</td><td colspan="2">出産したとき</td></tr>
<tr><td>出産手当金</td><td>ー</td><td colspan="2">出産のために会社を休んだとき</td></tr>
<tr><td>埋葬料（費）</td><td>家族埋葬料</td><td colspan="2">亡くなったとき</td></tr>
</table>

⑤ なぜ3割払うだけでいいの？

「療養の給付」のしくみ

そこでまず「療養の給付」ですが、被保険者は一部負担金を支払うだけで、診察・治療・薬の支給・入院などの給付を受けられます。今までは、保険適用の対象外だった不妊治療（※）にも使えるようになりました。

残りは健康保険が払ってくれる？　どうせなら全部、現金でくれればいいのに。そうしたら、そのお金でうまいもんでも食って……。

ダメ。7割の分は現金でなく、診察や治療などの現物を支給するのです。これを「現物給付」と言います。

健康保険の給付には「現物給付」と「現金給付」があります。療養の給付は、代表的な現物給付です。ほかにも、入院時食事療養費や入院時生活療養費、訪問看護療養費が現物給付になります。

※ 不妊治療のうち、タイミング法・人工授精の「一般不妊治療」、体外受精（女性の年齢や回数制限あり）・顕微授精等の「生殖補助医療」についても保険適用されます。すべての治療が保険適用になるわけではなく、一部については先進医療として自費で行う治療もあります。

療養の給付を受けるには、病院などに「被保険者証」（いわゆる健康保険証）を提出することが必要です。70歳から74歳の人は、あわせて「高齢受給者証」も提示します。その後「一部負担金」を支払えば、治るまで診察・治療などの給付を受けられるわけです。

一部負担金は、かかった医療費の原則3割を支払います。70歳以上の人は原則2割ですが、70歳以上75歳未満で昭和19年4月1日以前生まれの人は1割、現役並み所得者は3割です。「現役並み所得者」とは、標準報酬月額28万円以上の人、ただし単身世帯で年収383万円、夫婦世帯で520万円未満の場合は除きます。

被扶養者では、未就学の子どもが2割です。

70歳以上は原則2割なのか。1割だと思っていた。

原則1割は75歳以上の方ですね（現役並み所得者は3割）。令和4年10月からは、一定以上の所得がある75歳以上の方は2割負担になっています。

なお、ふだんは気にかけないかもしれませんが、健康保険で療養の給付を受けられるのは、厚生局長の指定を受けた「保険医療機関」だけです。もし、保険医療機関でない病院などで治療を受けると、療養の給付は受けられません。

⑥ 医療費がかさんだら「高額療養費」をもらおう

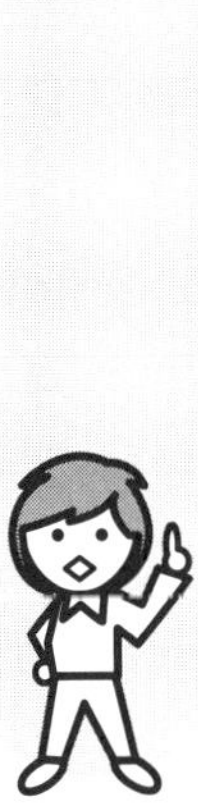

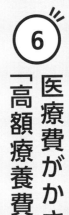

「現金給付」のいろいろ

現物給付もいいけど、やっぱり現金給付がいいな。現金もらったら競馬で増やして……。

はい、無視。先生、現金給付にはどんなものがあるんですか？

代表的なのは立替え払いのケースですね。たとえば本来、現物給付である療養の給付でも、いろいろです。

健康保険の現金給付の中には、被保険者が立て替えて払った金額をあとで支払う性格のものがあります。

まず、ズバリ**「療養費」という名前の給付は、本来、現物給付が原則である療養の給付を、やむを得ない事情で受けられずに受診した場合の給付**です。たとえば、入社したばかりで被保険者証をまだ受け取っていない、旅先の急病で近くに適当な医療機関がなくて保険医療機関でない病院で診療を受けた、といった場合が該当します。

そのような場合、医療費の全額を自費で支払うしかありませんが、その費用について療養費が支給されるわけです。

支給額は、受けた診療を健康保険の基準で計算し直した額から計算されます。その額から、一部負担金の分を差し引いた額が療養費の支給額です。なお、健康保険の基準で計算した額が、実際に支払った額を超える場合は実際に支払った額をもとに計算します。

そうか、いったん自費で払えばいいんだ。そうすれば後で現金給付が……。

あとで療養費の支給があるのは、やむを得ない事情がある場合だけだってば。

そもそも、自費で払えるお金があるなら、そのお金を有効に使えよ。

むむ……なかなか思い通りにはいかないなあ。

まあ、たしかに、社会保険はかなり細かい縛りがありますからね。

現金給付の代表的なものに「高額療養費」があります。病気が長引いて支払う一部負担金が膨らみ、高額になったときに一定額を払い戻してもらえる制度です。

計算は毎月1日から末日まで。高額療養費として払い戻される額は1か月の支払額が

※1　多数該当…自己負担限度額は、国保では年間所得、健保では標準報酬月額により５段階に分けられるが、本文と同じ８万7430円の自己負担限度額の人が多数該当となった場合、自己負担限度額は４万4400円に下がる。

「自己負担限度額」を超えた金額となります。

自己負担限度額は、年齢と所得に応じて計算式が細かく定められていますが、たとえば70歳未満で標準報酬月額28万円〜50万円の場合、**「8万100円＋（総医療費−26万7000円）×1％」**という計算式です。

仮にひと月に支払った総医療費が100万円だったとすると、8万7430円が自己負担限度額になり、91万2570円の高額療養費が支給されます。

また、自分の医療費だけでは自己負担限度額に達しない場合でも、同じ月内に同一世帯で2万1000円以上の自己負担が複数あるときは「世帯合算」、同一の世帯で直近12か月の間に3回以上、高額療養費の支給を受けている場合は「多数該当」という制度が利用可能です（前ページ※1）。

なお、70歳以上の人が病院などの窓口で「高齢受給者証」を提示した場合は、自動的に支払額が自己負担限度額を超えなくなります。同様に、あらかじめ「限度額適用認定証」の交付を受け、窓口で提示した場合も限度額を超えない支払いが可能です。

ちなみに、健康保険は介護保険とのバランスを重視するので、介護保険の自己負担額と合算して支給される「高額介護合算療養費」もあります（※2）。

※2　高額介護合算療養費…世帯内の同じ健康保険の加入者について、8月から1年間の健康保険と、介護保険の自己負担額を合計し、一定の基準額を超えた場合に超えた金額が支給される。

7 交通費から休業の補償まで、至れり尽くせりの給付金

続「現金給付」のいろいろ

それから、ぜひ田中さんに覚えておいていただきたいんですが、佐藤さんが病気で長期間、会社を休むことになったら、給与を出してはいけません。

え！　センセ！　どういうことですか！

田中社長の会社から充分な報酬が受けられない場合に限り、佐藤さんは「傷病手当金」の支給を受けることができるからです。

「傷病手当金」は、業務外の病気やケガのために会社を休み、会社から充分な報酬を受けられない場合に支給される現金給付です。療養のために、今まで従事していた業務ができない状態＝労務不能であることが要件になっています。

労務不能かどうかは医師の意見や業務内容から判断されますが、労務不能で連続して3

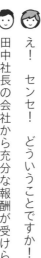

日間休むと、この3日間を待期期間として4日目以降、休んだ日が支給対象です。

支給額は、休んだ1日につき、手当金の支給を始める日以前12か月間の標準報酬月額の平均額の30分の1の額を、3分の2にした金額です。ただし、会社から報酬の支給を受けた場合などは支給額が調整されます。ですから、傷病手当金より多い支給を受けた場合は、傷病手当金の支給自体なくなるわけです。

支給期間は、3日間の待期の後4日目から通算して1年6か月になります。

また、傷病手当金の申請には、給与の支払いの有無について事業主の証明が必要なので、給与の締切日ごとに1か月単位で申請するのが一般的です。

両方もらえればいいのに。

病気で休んだから、まったく出さないってのもなあ。

だったら、田中社長は病気見舞金を出せばいいんです。恩恵的な見舞金は報酬になりませんから、傷病手当金は全額支給されますよ。

PART 5

「健康保険と厚生年金の給付をモレなくもらうため」のまとめ

□年金保険料をある程度支払った人が受けられるものには、一定の年齢に達したときに受給できる「老齢年金」のほかにも、一定の障害の状態にある人が受ける「障害年金」、本人が死亡したときに遺族が受けられる「遺族年金」がある

□老齢年金は、退職して給料がもらえない人の生活を補填する意味で存在するもの。老齢厚生年金を受け取れる年齢になっても仕事を続けて給与収入がある場合は、取り分が二重になるため、調整される

□遺族基礎年金は、国民年金の被保険者、または老齢基礎年金の資格期間25年を満たした人が亡くなった場合に支給される

□遺族の要件は、「亡くなった人に生計を維持されていた子」か「その子の親である配偶者」のいずれか

□健康保険には、病院の窓口で保険証を提示することなどで受けられる「療養の給付」のほ

かにも、さまざまな給付がある

□医療費の一部負担金が膨らみ、高額になったときに一定額を払い戻してもらえる「高額療養費制度」がある

□業務外の病気やケガのために会社を休み、会社から充分な報酬を受けられない場合に支給される現金給付が「傷病手当金」

PART 6

退職する社員に教えてあげよう！

～国民健康保険・国民年金の保険料でトクする方法～

退職する社員には、「社会保険や年金でこれから何が起きるのか」を教えてあげられる総務担当者でありたいものです。法人化を検討している個人事業の方々にとっても、ぜひ押さえておきたい知識を紹介していきます。

① 社会保険料は、個人と会社、どっちが有利？

国民健康保険・国民年金のしくみ

佐藤さん、今日はどうしたの？　国民健康保険と国民年金の話を聞きたいなんて。

実は会社の同期で独立してフリーランスになる子がいて。フリーになったら健康保険と厚生年金から抜けるわけでしょ？　国民健康保険と国民年金のことを教えてあげて、力になれたらなあと。

それはいいことだと思うけど……ひょっとして女の子？

え、いやその……はい。

ははー。いいとこ見せたいんだ。そういうことなら私が力になるかな。

ありがとうございます！　じゃさっそく、彼女がいちばん知りたがってることなんですが……社会保険料は、会社と個人ではどっちがトクですか？　彼女、個人事業で始めるか、１人会社をつくるか迷ってるみたいで。

いきなりむずかしい質問だな。トクというより、有利かどうかですね。梅田先生、税金面はどうですか？

税金面だけでいくと、会社にしてもフリーランスでも変わりませんね。むしろ最初の何年かはフリーランスで様子を見て、それから会社にしても遅くはない。

ただね……年金を考えた場合、フリーランスは厚生年金に入れません。かといって国民年金だけだと、将来のもらえる年金は少なくなる。つまり公的年金では足りないわけ。となると、それ以外の資産形成をある程度まじめに考えなくてはいけない。

退職して個人事業のフリーランスになった場合は、**すぐに市区町村の役場に行って、国民健康保険と国民年金の加入手続きをします**。そうしないと、どの公的医療保険にも、どの公的年金にも保険料の未納状態になってしまうからです。

つまり、健康保険の被保険者・厚生年金の被保険者から、国民健康保険の被保険者・国民年金の第1号被保険者に変わる必要があるわけです。

そこで、1人会社とどちらがトクかという質問ですが、これは一概に言えません。国民健康保険は、市区町村が運営しています。そのため、保険料は市区町村によって変わります。一方、健康保険も健康保険組合によって（協会けんぽの場合は都道府県ごとに）料率が変わります。所得の額によっても、どちらが有利不利かは変わってくるでしょう。

それと、会社員時代は天引きされていたから、「負担が大きいなあ」ぐらいで済んだものが、会社を辞めると所得税も住民税も社会保険も、前年の所得に対してかかってくるようになるでしょ。会社を辞めて収入が減っていることも多いから、ここであわてるんですよ、みんな。

よく聞きますねえ、そのケース。

だから、総務で社会保険や税金を担当するようになったら、辞める社員に対してアドバイスするのも必要ですね。会社の信用にも、やがてつながっていく。

ますます責任が重くなるなあ。

社員が辞めるときに「来年は住民税がかかるからちゃんと心づもりしておいてね」とか言ってあげるのは、辞める人に対しての優しさでもあります。

国民年金については、政府（厚生労働省）が運営しています。保険料は全国一律の1万6980円（令和6年度）なので、明らかに厚生年金より国民年金のほうが支払額は減るはずです。ただしその分、将来受け取る老齢年金も減るので、トータルでどちらがトクとは一概には言えないのです。

たとえば、国民健康保険と健康保険の給付を比べてみると、ほとんどが共通していることがわかります。公的医療保険の給付の中で、健康保険にしかないものは、傷病手当金と出産手当金くらいのものです。どちらも会社を休んだときに給付されるものなので、個人事業者には当然、支給されません。

その他の給付は、ほとんど共通です。高額療養費や出産育児一時金などは、国民健康保険でも支給されます。

ただし、一部の給付では、市区町村によって支給額が変わることがあるので要注意。埋葬料（費）が国民健康保険では「葬祭費」になるなど、名前が変わることもあります。

ですから、**国民健康保険の被保険者になった人は、この本のＰＡＲＴ５を参考にして、お住まいの市区町村ではどの給付がどれだけ支給されるのか、一度調べてみるとよいでしょう。最近はほとんどの市区町村が、ホームページで情報を公開しています。**

なお、国民年金の支給額については、厚生年金の支給額で説明した基礎年金の支給額の計算と同じです。さらに、国民年金の第1号被保険者には、厚生年金にはない「寡婦年金」（※1）「死亡一時金」（※2）の給付もあります。

個人と会社どちらがトクか、という話でいえば、一般的には、仕事がうまくいって高い所得を得るようになったら、個人事業より1人会社にしたほうがトクですね。

※1　寡婦年金…亡き夫が第1号被保険者として10年間保険料を納付（または免除）し、障害・老齢年金を受給したことがないとき、10年以上婚姻関係にあり、生計を維持されていた妻が、60歳～64歳の間受けられる。支給額は夫の老齢基礎年金の4分の3。

おっ、それはまたどうして？

自分に払う報酬や賞与をコントロールできるからですよ。

国民年金の保険料は一定ですが、国民健康保険料のほうは所得の額に応じて保険料が大きく変わります。個人事業で高所得の人は莫大な保険料を支払うことになりかねません。

その点1人会社では、自分に支払う報酬や賞与を自分で決めることができます。どんなに会社が儲かっても、自分はムダに高い保険料にならないようコントロールできるわけです。その報酬などは、会社の経費です。

ですから、1人会社をつくった人は、ＰＡＲＴ2を参考にして、報酬や賞与の額をコントロールすることを考えるとよいでしょう。

実は国民健康保険料は「国民健康保険税」という、立派な税金のひとつですよ。

国民健康保険の保険料は、ほとんどの市区町村で「国民健康保険税」として徴収されています。税にしたほうが、徴収の時効などの面で有利なようです。この国民健康保険税は地方税の1つで、市町村税という位置づけになります。

※2　死亡一時金…国民年金の第1号被保険者として3年以上、保険料を納付し、どの年金も受給したことがないときに、遺族が受け取れる。支給額は、保険料納付期間によって12万円から32万円の間。

② 引っ越し先の国保の保険料も、いちおうチェックしよう！

国民健康保険の保険料の決まり方

なぜ、市区町村ごとに保険料が違うなんてことが起きるんですか？

国民健康保険の財政状態がそれぞれ違うからでしょう。国民健康保険は、一般会計と別の特別会計になってるんだけど、赤字になると一般会計から補填しなければいけない。だから、赤字になりそうな市区町村は保険料を上げると。

うっかり引っ越しもできないですね。収入は変わらないのに、引っ越しただけで保険料が上がっちゃったりとか。

倍ぐらいの差があるケースもあると思います。

自治体によってかなりの差があるから、気持ちに余裕のある人は引っ越し前に向こうの料率を調べておこうね、ということだね。実際に地方に引っ越したら、収入が下がってるのに国民健康保険税は上がったという人がいるよ。でもそれは、保険料の税率のせいではないかもしれない。

というと？

保険料の計算方式が違う場合もあるからです。

全体として見ると、国民健康保険の保険料は4つの「○○割」で決まります。「所得割」「資産割」「均等割」「平等割」の4つです。この4つの使い方次第で計算方式が変わるわけですが、1つずつ見ていきましょう。

第1の所得割は、所得に比例して決まる部分、というほどの意味です。要するに、収入が多い人ほど多く、少ない人はそれなりの額になる部分で、国民健康保険料のもっとも大きな部分を占めています。

具体的には、前年の「総所得金額」をもとに計算される場合がほとんどで、その場合は「（前年の総所得金額－基礎控除43万円）×税率」が計算式です。

第2の資産割は、その世帯の被保険者が持つ資産に応じて決まる部分です。

国民健康保険では、健康保険のような被扶養者の考え方がなく、一人ひとりが被保険者になります。ただし、保険の構成単位は住民票上の「世帯」を基準にするので、保険料は世帯ごとの計算です。

したがって資産割も、その世帯の被保険者の分をまとめた資産の合計に応じて決まるのです。ただし前年度ではなく、当年度時点の資産を計算の基準にします。
具体的には、固定資産税額をもとに「当該年度の（被保険者全員の）固定資産税額×税率」で求められた金額が資産割です。ただし、その市区町村内にある固定資産だけに賦課されます。

第3の均等割は、より詳しく言えば「被保険者均等割」となります。つまり、その世帯の被保険者の人数に応じて決まる部分です。計算式は「被保険者数×税額」となります。

第4の平等割は、つまりは「世帯別平等割」です。1世帯につき平等に、同じ額が課せられる部分で、計算式ではなく定額となっています。

なるほど、この4つを足した額が国民健康保険料になるわけですか？

いや、そうではないから、市区町村によって保険料が変わってくるんだよ。4つとも使って計算した保険料を徴収するのを4方式と言うけど、3方式や2方式の市区町村もある。

4つのうち、とくに資産割は、固定資産税との二重課税、課税されない金融資産や市区町村外の固定資産との不公平が指摘されています。また平等割は、人数が少ない世帯ほど重い負担になるのが問題です。

そのため、**4方式をやめて所得割と均等割だけの2方式にする市区町村が増えていま**

■ 国民健康保険料の４つの「○○割」

区分	計算方法
所得割	（前年の総所得金額－基礎控除）×税率
資産割	当該年度の固定資産税額×税率
均等割	被保険者数×税額
平等割	１世帯につき定額

す。とくに都市部では2方式が多く、東京23区も2方式です。中間の、所得割・均等割・平等割の3方式にしているところもあります。大阪市が3方式です。

じゃあ、資産をたくさん持ってる資産家は、資産割のない3方式のところに引っ越すとトクってことですか。資産家で家族の少ない人は2方式のところとか。

そうね。逆に、資産が少なく家族の多い世帯は、4方式の市区町村に引っ越すと相対的にトクをする計算になる。でもそれも、現実的にはあり得ない話だよね。国民健康保険料のために引っ越すわけじゃないし。できれば、引っ越し先を決める前に国民健康保険料を調べておくと、後悔することもなくなるというくらいの話として覚えておいてね。

③ 国民健康保険料で軽減措置・減免措置を受ける方法

7割・5割・2割軽減、減免を受けられる場合

これはもしものときのために、その会社の女の子にもぜひ知っておいてほしい話なんだけど、払えない場合には、無理をして払わなくていいんだよ。

保険料を払わなくていい？　そんなムシのいい話が……。

払いたくても払えないという人には、保険料の軽減措置、減免措置が用意されているんだ。2割、5割、7割の保険料軽減、そしていいよとなったら全額減免。

そ、それはあの子も聞きたい話かも。

国民健康保険には、経済的な理由で保険料を納められない人のために、保険料を軽減・免除する制度があります。

まず、所得が一定以下になった場合は、市区町村によって基準が異なりますが、一般に

2割、5割、7割の3段階で保険料が軽減されます。通常は、保険料の中の均等割額の軽減です。

次に、会社の倒産や解雇で国民健康保険に加入することになった人にも減額があります。**具体的には、会社都合による解雇、雇用保険の特定受給資格者、特定理由離職者に対して、保険料約7割の減額**です。

さらに、災害や病気などで生活が困難になった場合や、大幅に所得が減ったときは一部、場合によっては全部の免除があります。審査があるので、必ず免除されるとは限りませんが、もしものときのためにぜひ覚えておきたい制度です。

4 国民年金保険料で免除・納付猶予制度を受ける方法

将来もらえる年金への影響は？

梅田先生も、年金ではいろいろと考えていることがありそうですね。

そうね。でもまだリタイアは早いから、70歳過ぎても厚生年金は一部だけ。

私は全額ほしいけどなあ……。結局ずっと仕事をするか、何歳でやめるか、ですかね。

預貯金や資産額にもよるけど、ケースバイケースということになりますね。お互いまだ、年金生活には早いですよ。

じゃ、次は国民年金の保険料を払えない場合ですね。

それは社会保険労務士の守備範囲だなあ。松島先生、タッチ。

国民年金にもちゃんと免除、猶予の制度がありますよ。

保険料を納めるのが経済的にむずかしいとき、国民年金には保険料免除と納付猶予の制

度があります。

「保険料免除制度」とは、本人や世帯主、配偶者の前年所得が一定額以下の場合や、失業した場合に、保険料の納付が免除になる制度です。免除になる額は、全額、4分の3、半額、4分の1、の4種類があります。その他、産前産後期間も保険料が免除になります。

一方、「納付猶予制度」は、20歳から50歳未満の人で、本人か配偶者の前年所得が一定以下の場合に、保険料の納付が猶予される制度です。いずれの場合も、申請後、所得の審査がされ、承認されてから免除・猶予となります。

 実は、私も納付の猶予を受けたことがありましてね。

 えっ、松島先生そんなに所得が低い時代があったの!?

 いや、学生時代の話ですよ。お金がなかったのはたしかだけど……。

若年者納付猶予制度と別に、**「学生納付特例制度」**があります。申請により、在学中の保険料納付が猶予される制度です。

本人の所得が一定以下の場合に、修業年限1年未満の各種学校などを除く、大学（大学院）、短期大学、高等学校、高等専門学校、専修学校、各種学校、一部の海外大学の日本分校など、ほとんどの学生が対象となります。家族の所得額は問われません。

この制度を利用して、学生時代は納付を猶予してもらい、社会人になってから追納制度を利用して納付したんですよ。けっこう助かったなあ。

ふーん、そういう納付猶予の利用法もあるんだ。

ただし、国民健康保険の軽減・減免と、国民年金の免除・猶予では、少し意味が違うんですよ。国民健康保険の軽減・減免では、保険給付は、保険料を納付した場合と同じです。しかし国民年金の免除・猶予では、納付した場合とまったく同じにはなりません。

年金を減らされるとか？

だいたいそのとおり。正確に言えば、一定の割合しか年金額に反映されないってことですね。たとえば、40年間保険料を納付した場合の老齢基礎年金の額は、令和6年度の場合で81万6０００円ですが、40年間、全額免除になった場合は40万8０００円となります。

あら、社労士がそんな極端な設例もちだしていいのかな。

大丈夫、日本年金機構のホームページに載ってる設例ですから。

40年間全額免除されても約41万円……早くそうすればよかった。そうしたら、保険料の分は全部貯金して……。

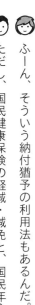

佐藤さん、それはムリだって！　審査があるって言ったでしょうが。

ほら、佐藤さんが誤解しちゃった。

年金額を計算するとき、保険料免除の期間は、保険料を納めた場合と比べて一定の割合だけ反映されます。たとえば全額免除のときは、納付した場合の2分の1です。ですから、**40年間全額免除になったという例では、年金額がほぼ半分になる**のです。

ただし、保険料免除の期間であっても年金の受給資格期間には算入されます。受給資格が「10年間保険料を納付または免除」となっているのは、そのためです。

つまり、免除の手続きをしておけば、年金額は減っても、保険料未納のために受給資格期間を満たさず受給できないという事態は防げるわけです。

なお、全額免除の場合に年金額に反映される割合は2分の1ですが、その他の免除で反映される割合は日本年金機構のＨＰを参照してください。

また、納付猶予の場合は、受給資格期間への算入はありますが、老齢基礎年金の年金額への反映がないという違いがあります。

免除・猶予の手続きをせず未納となった場合は、受給資格期間への算入も年金額への反映もありません。

5 社会保険料控除は忘れず申告しよう！

社会保険料と税金の関係

さてこれで、お話しすべきことは話し尽くしたと思うんだけど。佐藤さん、何か質問したいこととかありますか？

いえ、ありがとうございました。これで、あの子にも役に立つ話ができるし、他に退職者がいたときも、いいアドバイスができます！

じゃ、この場はいったん締めて。梅田先生、最後に何かありますか？

うーん。社会保険が税金以上に難敵だということはわかってくれたと思います。ただ、税理士としては、国民健康保険料と国民年金保険料は全額、社会保険料控除の対象になることを強調しておきたいね。

そうですね、その分、課税所得も下がる。

所得税の確定申告のとき、うっかり書き忘れたりしたら大ゾンだよ。社会保険料でいくらトクをしたって全部パーだ。

国民健康保険料と国民年金保険料は、全額が「社会保険料控除」の対象になります。社会保険料控除は所得控除のひとつで、所得税（および復興特別所得税）の課税対象になる所得金額を減らす働きをするものです。つまり、所得税を安くしてくれるのです。

社会保険料は、全額が控除の対象になるのも特長です。生命保険料控除や地震保険料控除などもありますが、控除の対象になるのは保険料のごく一部。年間数十万円の生命保険料を払っても、生命保険料控除は４万円しかできません（令和６年度）。

それに対して社会保険料は払えば払った分、全額が控除額になって所得税を少なくします。また、住民税のことも忘れてはなりません。住民税は市区町村役場で計算され、納税通知書が送られてくるので普段は意識しませんが、やはり社会保険料が控除されています。所得税と住民税、２つの税金は社会保険料控除がなかったら、もっと高くなっていたでしょう。

ふーん、社会保険料控除か。社会保険料を払うほど税金が安くなるんだ。

だから忘れずに申告しないと、ムダに高い税金を払うことになるよ。

保険の給付をもらって、そのうえ税金が安くなるなら悪い話じゃないなあ。

だからといって、ムダに高い保険料を払うことはありません。税金でも社会保険料でも、払わずに済むものは払わずに済ませましょう。

いやあ、何回もありがとうございました。勉強になりました。社会保険がとんでもなくむずかしいことも、いざとなったら役所や社会保険労務士の先生に聞けばいいと言うことも……。

そういうことです。人事労務の諸制度をすべて熟知している人は、社労士でもいません。困ったときのために年金事務所や市役所などの各課があるんです。そういうところをうまく利用するのも、佐藤さんの手腕ですね。

よっしゃ！　と言いたいけど、不安は不安だなあ。

困ったらいつでも連絡ください。もっとも私にもわからないことは多いよ。それとね、これだけは言っておきたいけど、総務はモロモロの雑務をこなすだけじゃない、ということ。会社のそういう部分を一手に引き受けることで、会社にとっては重要な役割を担うんです。ある意味では、製造や営業と同等に大事！

わかりました。なんかやる気出てきた。

佐藤くん、キミはこれから総務担当重役だ！

社長！　僕はそもそもデザイナーでもあることを忘れないでくださいよ！

わかってるよ。間接部門の実務にも詳しく、本業でもあるデザインもできる……これは怖いものなしだ。

ったく、褒めてるんだか茶化してるんだか……。

まあ、そういうことです。頑張ってくださいね！

PART 6

「会社を辞める人に教えてあげたいこと」の まとめ

- □社会保険に関しては、個人事業と会社で「どちらがトク」とは一概に言えない
- □国民健康保険の給付は、市区町村によって支給額が変わることがある
- □経済的な理由で保険料を納められない人のために、保険料を軽減・免除する制度がある
- □会社の倒産や解雇で国民健康保険に加入することになった人にも減額がある
- □国民年金にも、保険料を納めるのが経済的にむずかしいとき、国民年金には保険料免除と納付猶予の制度がある

［著者］
キャッスルロック・パートナーズ
公認会計士・税理士・社会保険労務士・司法書士がパートナーを組んで設立された合同事務所。2004年設立。中小企業の会計・税務、労務、法務のバックオフィス機能を持つ。専門家がタッグを組むことで幅広い経営コンサルティングを実施。クライアントに大きな支持を得ている。

松島社会保険労務士法人ホームページ
https://www.matsushima-office.com/

いちばんわかる！　トクする！
社会保険の教科書

2016年５月26日　第１刷発行
2024年８月22日　第４刷発行

著　者――キャッスルロック・パートナーズ
発行所――ダイヤモンド社
〒150-8409　東京都渋谷区神宮前6-12-17
https://www.diamond.co.jp/
電話／03･5778･7233（編集）　03･5778･7240（販売）
製作進行――ダイヤモンド・グラフィック社
印刷――――堀内印刷所（本文）・新藤慶昌堂（カバー）
製本――――本間製本
編集・執筆協力―片山一行（ケイ・ワークス）
カバーデザイン―井上新八
本文デザイン・DTP―初見弘一（TOMORROW FROM HERE）
イラスト――初見弘一（TOMORROW FROM HERE）
校閲――――加藤義廣（小柳商店）
編集――――今野良介

ISBN 978-4-478-06727-7

◆ダイヤモンド社の好評既刊◆

ユニクロ監査役が書いた
伸びる会社をつくる起業の教科書
安本隆晴［著］

起業の心得から上場準備まで34項目を厳選!

第１章◉ユニクロ柳井正社長、自らの起業を語る
　　（聞き手：安本隆晴）
第２章◉伸びる会社をつくる起業のステップ
第３章◉成功するビジネスプランと資金繰り
第４章◉人を採用し、チームワーク力を高める
第５章◉会社の成長を加速させる
第６章◉いよいよ株式を上場する

四六判並製・280ページ・定価（本体1500円＋税）

ユニクロ監査役が書いた
強い会社をつくる会計の教科書
安本隆晴［著］

会社を成長体質に変える数字の使い方、教えます。

第１章◉会計思考経営だけが会社を成長させる
第２章◉「月次決算」の迅速化と
　　予算管理の徹底が強い会社の基本!
第３章◉儲かる強い会社にするための
　　会計数字の使い方
第４章◉強い会社をつくるタコメーターの魔術
第５章◉強い成長企業の会計数字ケーススタディ

四六判並製・232ページ・定価（本体1400円＋税）

http://www.diamond.co.jp